SÉ

Cuaderno de actividades

Avanzando

Gramática española y lectura

Carmen Salazar
Rafael Arias
Los Angeles Valley College
Sara Lequerica De La Vega

WILEY

JOHN WILEY & SONS, INC.

VICE PRESIDENT AND EXECUTIVE PUBLISHER	Jay O'Callaghan
DIRECTOR, WORLD LANGUAGES	Magali Iglesias
ASSOCIATE EDITOR	Maruja Malavé
SENIOR PRODUCT DESIGNER	Lydia Cheng
ASSOCIATE CONTENT EDITOR	Christina Volpe
MARKETING MANAGER	Rolando Hernández
MARKET SPECIALISTS	Lee Ann Stone and Glenn Wilson
SENIOR CONTENT MANAGER	Lucille Buonocore
SENIOR PRODUCTION EDITOR	Anna Melhorn
DESIGN DIRECTOR	Harry Nolan
SENIOR DESIGNER	Wendy Lai
SENIOR PHOTO EDITOR	Sheena Goldstein
COVER PHOTO CREDIT	© Anthony Arendt/Alamy Limited
COVER DESIGNER	Kapo Ng

To order books or for customer service please, call 1-800-CALL WILEY (255-5945).

978-1-118-47254-5

Printed in the United States of America

10 9 8 7 6 5 4 3 2 1

Printed and bound by Bind Rite Robbinsville

Contenido

Cada capítulo incluye un repaso de vocabulario y acentuación.

Cuaderno de actividades

Cuaderno de actividades

Capítulo preliminar

Diptongos y triptongos

P-1 **¿Cierto o falso?**

1. ___ Un diptongo no puede llevar tilde en la vocal fuerte.

2. ___ Los diptongos y triptongos forman una sola sílaba.

3. ___ Un triptongo se forma con una vocal débil entre dos vocales fuertes.

4. ___ No hay diptongo si la vocal débil lleva tilde.

5. ___ La *h* entre una vocal fuerte y una vocal débil no impide que se forme un diptongo.

P-2 Marca con una **X** las palabras que contienen un diptongo o un triptongo.

1. ___ antología
2. ___ cuaderno
3. ___ poeta
4. ___ dieciséis
5. ___ reina
6. ___ Uruguay
7. ___ océano
8. ___ cambiar
9. ___ reacción
10. ___ aula
11. ___ prohibir
12. ___ nueve
13. ___ país
14. ___ reciente
15. ___ hueso
16. ___ ordinario
17. ___ cuidado
18. ___ traigo
19. ___ caído
20. ___ ruido

División de sílabas

P-3 Separa en sílabas las siguientes palabras.

MODELO: electrónico e-lec-tró-ni-co

1. extranjero _____   11. construcción _____

2. paisaje _____   12. parquecito _____

3. rincón _____   13. innumerable _____

4. instrucción _____   14. tecnológico _____

5. delicado _____   15. veía _____

6. diciembre _____   16. despacio _____

7. guitarra _____   17. caballito _____

8. almendra _____   18. influencia _____

9. estudiéis _____   19. almohada _____

10. atleta _____   20. descubriendo _____

P-4 Las siguientes palabras aparecen al final del renglón con las siguientes divisiones. Marca con una **X** las palabras que están mal divididas.

1. ___ simultáne-o   4. ___ oca-siones

2. ___ estrel-la   5. ___ ex-aminar

3. ___ reu-nir   6. ___ ahu-mado

Acentuación

P-5 Escribe **A, L, E** o **S** en el espacio para indicar si la palabra es **Aguda, Llana, Esdrújula** o **Sobresdrújula**.

1. ___ ocasión   6. ___ construir   11. ___ fenomenal

2. ___ propósito   7. ___ dígamela   12. ___ baile

3. ___ búsquelo   8. ___ universidad   13. ___ bueno

4. ___ cepillo   9. ___ difícil   14. ___ cómprasela

5. ___ jardín   10. ___ pájaro   15. ___ riqueza

P-6 Separa en sílabas las siguientes palabras. Después subraya la sílaba que lleva el acento tónico.

MODELO: sencillez **sen-ci-<u>llez</u>**

1. movimiento _____

2. caballero _____

3. entender _____

4. recibieron _____

5. canciones _____

6. cuando _____

7. magia _____

8. sarcasmo _____

9. cohete _____

10. universidad _____

11. torres _____

12. kilolitro _____

13. alguien _____

14. violencia _____

15. reloj _____

16. instruir _____

P-7 Escribe la tilde en las palabras subrayadas cuando sea necesario.

1. A ver <u>si</u> no <u>se</u> <u>te</u> olvida pasar por <u>mi</u> casa esta tarde.

2. <u>Si</u> quieres, <u>te</u> traigo un vaso <u>de</u> <u>te</u> helado.

3. Ojalá que el jefe nos <u>de</u> un aumento este año. <u>El</u> es una persona muy compasiva.

4. Claro que <u>si</u>, pero <u>aun</u> no nos ha dicho <u>cuando</u> lo hará.

5. ¿Por <u>que</u> no le preguntas <u>cuanto</u> le costó <u>el</u> *smartphone*?

6. ¡<u>Que</u> difícil fue la tarea <u>que</u> nos dio <u>el</u> profesor <u>de</u> matemáticas!

7. ¿Sabes <u>quien</u> es aquel chico que <u>esta</u> hablando con <u>tu</u> hermana?

8. Yo no <u>se</u> <u>como</u> se llama <u>el</u> director del programa.

9. <u>Tu</u> siempre llevas <u>tu</u> auto. ¿Por <u>que</u> no lleva <u>el</u> <u>el</u> suyo?

10. Para <u>mi</u>, lo <u>mas</u> difícil es la conjugación de verbos.

11. ¿<u>Como</u> es que no <u>se</u> <u>te</u> ocurrió llamarme?

12. Me mostró dos computadoras, <u>mas</u> no supo explicarme <u>cual</u> era mejor.

P-8 Subraya la palabra correcta para completar las oraciones.

1. Escucha, Alicia. Mañana (te/té) devuelvo la novela (que/qué) me prestaste.

   (Aún/Aun) no he terminado el último capítulo.

2. (Cuando/Cuándo) iba hacia (tu/tú) casa se me paró el auto. (Te/Té) llamo desde el taller para avisarte (que/qué) voy a llegar tarde. No (se/sé) a (que/qué) hora llegaré.

3. No creo que le (dé/de) a leer a (mi/mí) amigo el artículo que escribí sobre la influencia del latín en el idioma español (porque/por qué) siempre critica todo lo que yo escribo. Diga lo que diga, siempre me pide el (porque/porqué) de mis razones.

P-9 Escribe la tilde en las siguientes palabras cuando sea necesario. Después, escribe el singular de las palabras que están en plural o el plural de las palabras que están en singular.

1. frances _____
2. ocasiones _____
3. regimen _____
4. caracter _____
5. ordenes _____

6. arbol _____
7. faciles _____
8. decimotercero _____
9. historico-social _____
10. especimen _____

Mayúsculas

P-10 Repasa las reglas sobre las mayúsculas en tu libro de texto y haz las correcciones que sean necesarias en las siguientes oraciones.

1. la dra. méndez enseña en la universidad de notre dame. ella es española y me ha invitado a pasar la semana santa con su familia en sevilla.

2. el sr. velázquez, que trabaja para el estado, está encargado de contrastar los datos del departamento de trabajo con los del seguro social para conceder las pensiones de jubilación.

3. mi amiga es republicana y su novio es demócrata, pero no permiten que sus afiliaciones políticas interfieran en su relación. Aunque él no los comparte, ella está muy comprometida con los ideales del gop.

4. el viernes 11 de mayo, en la feria del libro en español que se llevó a cabo en los ángeles, california, la academia norteamericana de la lengua presentó la *ortografía básica de la lengua española*.

5. del río colorado sale el agua para varios estados del sudoeste. el río nace al pie de las montañas rocosas y desemboca en el golfo de california.

6. el papa benedicto XVI hizo una visita a la habana, cuba, en 2012. durante su visita su santidad sostuvo una conversación privada con el general de ejército raúl castro en el palacio de la revolución.

P-11 Haz las correcciones que sean necesarias en el siguiente párrafo.

la biblioteca palafoxiana, cuyo recinto se encuentra en la ciudad de puebla, méxico, es conocida como la primera biblioteca pública de las américas. fue fundada en septiembre de 1646 por el obispo juan de palafox y mendoza al hacer él una donación de unos cinco mil volúmenes, los cuales habían de ponerse a la disposición del público. la colección particular del obispo incluía obras de temática tan variada como teología, escrituras sagradas, historia, humanidades, literatura, matemáticas, entre las cuales se encuentra uno de los libros más antiguos: *los nueve libros de la historia* del historiador griego heródoto. hoy en día la biblioteca cuenta con más de 40.000 volúmenes. en julio de 2005 la unesco la incluyó en su registro memoria del mundo por ser la primera biblioteca pública de américa.

P-12 Haz las correcciones que sean necesarias en las siguientes oraciones.

1. al viajar por la carretera de cuernavaca a taxco pudimos ver los volcanes popocatéptl e ixtaccíhuatl, llamados cariñosamente popo e ixta por los mexicanos.

2. en la basílica de guadalupe había mucha gente de rodillas, algo impresionante para todos nosotros. muchos llevaban imágenes de la virgen, otros rezaban ante el sagrado corazón de jesús.

3. en la ciudad de méxico, cuando estábamos cerca del monumento a cuautémoc, anita se dio cuenta de que había perdido su cartera donde llevaba su pasaporte y otros documentos importantes. tuvimos que ir a la embajada americana, ubicada en el paseo de la reforma, para reportar su pérdida.

La puntuación

P-13 Se han omitido los signos de puntuación en las siguientes oraciones. Escríbelos donde sea necesario.

1. Mis padres me han hecho dos regalos con motivo de mi graduación uno dinero en efectivo para comprar lo que yo quiera y otro una semana de vacaciones en las playas de Cozumel

2. No sé si comprar un teléfono móvil nuevo el que tengo es un modelo anticuado un *iPad* o un *laptop* cosas que me van a hacer falta cuando vaya a la universidad.

3. El profesor de historia nos aconsejó que leyéramos sobre los efectos de la Guerra Civil capítulos 10-12 más el artículo de una revista Quedé estupefacto cuando oí a Jorge preguntar Va a estar eso en el examen Qué barbaridad Qué pregunta.

4. Miguel de Cervantes 1547-1616 participó en la batalla de Lepanto Grecia donde perdió el uso de la mano izquierda Un dato curioso es que Cervantes y Shakespeare murieron el mismo año uno en Madrid el otro en Inglaterra.

5. Las instrucciones páginas 20-25 están en inglés, pero la ilustración fig. 21 que aparece en la página 26 está en español.

6. Por qué será que las fábulas tradicionalmente empiezan con Érase una vez o Había una vez Cuando eras niño/a leías las fábulas de Esopo

7. La famosa frase *vini vidi vinci* o sea llegué vi vencí se le atribuye a Julio César, una de las figuras más sobresalientes de la historia de Roma.

P-14 Pon la puntuación que haga falta en el siguiente diálogo entre Marta y Roberto sobre la barbacoa que están preparando en su casa.

Apúrate Roberto La terraza todavía está sin barrer.

Ya voy Oye a qué hora crees que lleguen Marisa y Pablo

Pues siempre son los primeros en llegar pero Válgame Dios se me olvidó comprar los platos de papel Tengo que ir al mercado.

Marta un poco agitada sale de casa corriendo Desde el auto le grita a Roberto

Por favor Beto por qué no llamas a Marisa y le dices que vengan un poco más tarde

Pero todavía hay que preparar la comida.

Seguro que la puedes terminar de preparar tú le dice ella con una sonrisa.

Roberto refunfuñando (*muttering*) Sí claro ella se va y como siempre me toca a mí

prepararlo todo para que todo esté listo antes de que lleguen los invitados. ¡AGGGH!

De pronto Roberto se da cuenta de que Marta se ha llevado el teléfono y no puede lla-

mar a Marisa Con una sonrisa malévola piensa Ja Ja Ja A ver quién ríe el último

La oración y sus elementos principales

P-15 Marca con una **X** las oraciones que contienen un pensamiento completo.

1. _____ Pasa y siéntate, por favor.

2. _____ El sábado por la tarde, a eso de las tres, para evitar el tráfico.

3. _____ Ir a la playa, tomar el sol, nadar un poco y descansar tranquilamente, ¿no?

4. _____ Me llevó al partido de fútbol el sábado por la tarde.

5. _____ ¡Ten cuidado!

6. _____ Combinando todos esos colores para que luzca más atractivo.

P-16 Lee en el libro de texto las páginas 18–20 sobre las partes de la oración. Fíjate en los términos usados para describir las partes de la oración. Después completa las siguientes oraciones con la palabra que falta para definir estos términos.

1. Los verbos **ser** y **estar** se llaman verbos _____ porque sirven de nexo entre el

   sujeto y el predicado.

2. El _____ es todo lo que se dice del sujeto.

3. La _____ enlaza las palabras indicando la relación entre ellas.

4. El _____ recibe directamente la acción del verbo.

5. El predicado verbal puede ser transitivo o _____. Si es transitivo

necesita un _____ para completar su significado.

P-17 Identifica las partes de la oración poniendo las siguientes abreviaturas debajo de las palabras subrayadas: **N** para los nombres, **V** para los verbos, **A** para los adjetivos y **art** para indicar los artículos.

> **MODELO:** <u>Las</u> <u>personas</u> <u>bilingües</u> se <u>sienten</u> <u>cómodas</u> cuando <u>combinan</u> <u>dos</u> <u>idiomas</u>.
>   art   N   A   V   A   V   N

<u>El</u> *espanglish* es <u>un</u> <u>fenómeno</u> <u>sociolingüístico</u> que se <u>escucha</u> por <u>todas</u> partes de <u>los</u>
Art   *Art*   *Sus.*   *Adj*   *V*   *Sus*   *Art.*

Estados Unidos donde hay <u>hispanohablantes</u>. <u>Es</u> un fenómeno más <u>natural</u> de lo que <u>parece</u>.
                           adj   *V*   *Sus.*   *V*

Aunque muchas <u>personas</u> lo <u>rechazan</u>, el *espanglish* resulta para <u>otros</u> <u>individuos</u> una <u>forma</u>
           N   *V*   *adj*   *Sus*

de <u>comunicación</u> muy <u>creativa</u>.
                  adj.

P-18 Subraya e identifica en las siguientes oraciones el sujeto (**S**), el verbo (**V**) y los complementos (**C**): predicativo (**pr**), directo (**dir**), indirecto (**ind**), circunstancial (**cir**).

> **MODELO:** <u>La directora</u> <u>les</u> <u>dio</u> <u>las instrucciones</u> <u>durante la reunión</u>.
>   S   C-ind V   C-dir   C-cir

1. Julia es voluntaria en un centro de niños.
     S V C-prcir   C-cor

2. Ella les va a enseñar <u>una canción</u> durante la hora del recreo.
     S C-ind VC-   C-dir   C-cir   modo

3. Va a ayudarlos con las tareas escolares.
       V   C -di

4. Una voluntaria debe tener mucha paciencia y ser muy compasiva.
       S   V   c-dir   V   c-pre

P-19 Combina los siguientes elementos para crear oraciones que contengan un pensamiento lógico.

1. la película / escenas de violencia / le gustó / a Elena / porque / no pusieron / en ella
     3   8   2   1   4   7   6.

2. un rato agradable / se divirtió mucho / y / de sus amigos / pudo disfrutar de / en compañía
     4 7   1   2   8 6   3   5

3. en el periódico / que hizo / ella leyó / el crítico de cine / la reseña
     3   4   1   2   5 3
     2   5   10

Oración simple y oración compuesta

P-20 Marca con una **S** las oraciones simples y con una **C** las oraciones compuestas.

1. _____ Compré el último modelo de *smartphone*, pero aun así la cámara no es muy buena.

2. _____ Pasé varias horas leyendo las instrucciones, tratando de descifrar los distintos códigos.

3. _____ Los auriculares que vienen con este modelo son de los mejores en el mercado.

4. _____ Desafortunadamente no pude descargar la aplicación que me recomendaste.

P-21 Subraya las cláusulas subordinadas en las siguientes oraciones. (No todas las oraciones tienen cláusulas subordinadas.)

1. En su estilo personal, el español Santiago Calatrava combina el mundo de la arquitectura con los principios rígidos de la ingeniería.

2. Después de que terminó sus estudios de arquitectura en España, Clatrava se matriculó en el Instituto Federal de Tecnología en Suiza, donde estudió ingeniería civil.

3. Aunque Calatrava es conocido principalmente como arquitecto, es también un prolífico escultor y pintor.

4. Las numerosas estaciones de trenes que ha diseñado son alabadas (*praised*) por su amplio y cómodo espacio.

5. La luz y el color blanco son un reflejo de su Valencia natal y también de su herencia mediterránea.

Capítulo 1

Vocabulario

1-1 **¿Cuál no pertenece?** Escoge la palabra que no está relacionada con las otras palabras de cada grupo.

1. carcajada	risa	broma	chiste	herramienta
2. trabajo	entorno	empresa	negocio	productividad
3. diversión	seriedad	prueba	optimismo	comportamiento
4. lanzar	promover	eliminar	utilizar	motivar
5. sonrisa	bromear	divertido	alegría	asomar

1-2 Rellena los espacios en blanco con la forma correcta de la palabra o expresión que mejor complete el sentido de las siguientes oraciones. Usa las palabras de la lista pero recuerda que no todas las palabras se necesitan y en algunos casos puede haber más de una respuesta válida.

asimismo	a saber	así pues	asomar	carcajada
deprimente	empresa	entorno	herramienta	lanzar
restar	eficacia	hoy en día	promover	comportamiento

1. En épocas pasadas, en muchas _____ dominaba la rigidez, mien-

tras que _____ el _____ de los empleados es

más relajado.

2. Es muy _____ trabajar en una compañía conocida por su

    productividad y _____, pero cuyo ambiente carece de la

    jovialidad que da un buen sentido del humor.

3. Muchas empresas premian la productividad. _____ valoran la

    dedicación de los empleados.

4. Lo que muchas empresas buscan es no _____ importancia al

    trabajo, sino hacerlo más llevadero por medio del humor.

5. El _____ laboral es a menudo determinante de la productividad de

    los empleados.

6. El humor en el trabajo puede mejorar el ambiente laboral.

    _____: incrementa las relaciones entre los empleados, mejora la

    productividad e induce la relajación.

7. Unas buenas _____ en la oficina ayudan a elevar la moral y

    estimulan la relajación.

8. Internet se ha convertido en una _____ esencial para las empresas

    de hoy.

9. Nuevas relaciones laborales se están empezando a _____ en el

    mundo empresarial.

10. Dados sus probados beneficios, no es de extrañar que muchas empresas estén

    interesadas en _____ la risa en el trabajo.

1-3 Busca en la lista del vocabulario de la página 24 de tu libro de texto el **sinónimo** de las
    siguientes palabras:

    1. verdaderamente _____   5. efectividad   _____

    2. igualmente   _____   6. disminuir   _____

    3. ambiente   _____   7. es decir   _____

    4. al mismo tiempo _____   8. empaquetar   _____

Del verbo: persona, número, modo y tiempo

1-4 Indica el modo (**indicativo**, **subjuntivo** o **imperativo**) en el que están los verbos subrayados en las siguientes oraciones.

1. <u>Es</u> necesario cumplir con todas las responsabilidades. _____

2. No <u>te rías</u> de mí. _____

3. Muchas organizaciones <u>se dedican</u> a estudiar el humor. _____

4. Algunos dudan que la risa <u>elimine</u> el estrés. _____

5. Ojalá que <u>organicen</u> otro concurso de chistes. _____

1-5 Escribe el **infinitivo** de las siguientes formas conjugadas.

1. apuntan _____
2. recuerdo _____
3. tengas _____
4. despidieron _____

5. han escrito _____
6. prueban _____
7. conduzcamos _____
8. están trayendo _____

1-6 Rellena los espacios en blanco con los términos que completen las siguientes definiciones.

1. El _____ determina el número y la persona del verbo.

2. El _____ verbal denota la actitud del hablante con respecto a lo que se dice.

3. Los tiempos _____ se forman con el verbo auxiliar **haber**.

4. El infinitivo de los verbos de la segunda conjugación termina en

   _____.

5. El verbo cambia de forma para indicar la persona, _____,

   el tiempo y _____.

1-7 ¿Cierto o Falso?

1. _____ El modo imperativo se usa para indicar órdenes o mandatos.

2. _____ El infinitivo de un verbo indica persona, número y tiempo.

3. ____ El modo indicativo tiene seis tiempos simples.

4. ____ Los verbos en español pertenecen a una de tres conjugaciones según la termi-
nación del infinitivo.

5. ____ El pronombre sujeto no es necesario en español.

1-8. Indica la **persona**, **número**, **tiempo** y **modo** de las siguientes formas.

MODELO:

escriben	3ª persona	plural	presente	indicativo

1. comprará _____ _____ _____ _____

2. pido _____ _____ _____ _____

3. escuches _____ _____ _____ _____

4. recibirían _____ _____ _____ _____

5. digamos _____ _____ _____ _____

Presente de indicativo: formas

1-9 Escribe el **presente de indicativo** de estos verbos, según el modelo. Fíjate que algunas de estas formas verbales necesitan la tilde.

MODELO: actuar ella actúa

1. enviar nosotros _enviamos_   6. guiar ellas _guían_

2. reunir tú _reúnes_   7. enviar yo _envío_

3. prohibir ellos _prohíben_   8. rehusar Uds. _rehúsan_

4. acentuar Ud. _acentúa_   9. continuar yo _continúo_

5. confiar él _confía_   10. actuar nosotros _actuamos_

1-10 Repasa los verbos que tienen cambios ortográficos y de raíz y después completa el siguiente párrafo con la forma *yo* de los verbos entre paréntesis.

Cada sábado me gusta ir al mercadillo de frutas y verduras donde los productores venden

productos orgánicos. Nunca (conducir) _conduzco_ [1] mi auto los fines de semana, así que normalmente voy en bicicleta. Siempre me (dirigir) _____ dirijo _____ [2]

a los mismos puestos, pues ya (conocer) _____ conozco _____ [3] a los vendedores. Cuando

llego, (escoger) _____ escojo _____ [4] la fruta que está de temporada y las verduras más

frescas. Después (seguir) _____ sigo _____ [5] mi paseo y voy a los puestos donde

venden miel orgánica y otros productos del campo. Me gusta regatear con los vendedores

y a veces los (convencer) _____ convenzo _____ [6] para que me hagan una rebaja, pero no

siempre lo (conseguir) _____ consigo _____ [7]. Después de terminar mis compras, me

monto en la bici y (volver) _____ vuelvo _____ [8] a casa.

1-11 Completa las siguientes oraciones con el **presente de indicativo** de los verbos entre
paréntesis. Recuerda que algunos verbos necesitan la tilde.

1. (caber) Pero, ¿cuántos creen que _____ caben _____ en este sofá? Venga,

   háganse a un lado, a ver si _____ cabo _____ quepo yo también.

2. (ofrecer) Cuando viene alguien a mi casa (yo) siempre le _____ ofrezco _____ un

   café. Es una costumbre muy hispana: Adondequiera que vayas, siempre alguien te

   _____ ofreces _____ algo de comer o beber.

3. (enviar) Ya casi nunca (yo) _____ envío _____ cartas sino mensajes de texto o

   e-mails. ¿Y tú? ¿Todavía _____ envías _____ cartas?

4. (proteger) Ustedes dicen que _____ protegen _____ protegen el medio ambiente. Yo tam-

   bién lo _____ protejo _____ reciclando y evitando malgastar agua y electricidad.

5. (rehuir) Dicen que un verdadero jefe nunca _____ rehuyen _____ rehúye de con-

   frontaciones y situaciones delicadas. Sin embargo, nosotros, los empleados,

   _____ rehuimos _____ de cualquier posible enfrentamiento con los clientes.

6. (distinguir) Yo casi no _____ distingo _____ un *smartphone* de otro. Casi todos

   me parecen iguales. ¿Y tú? ¿Los _____ distigues _____?

7. (traducir) Algunos estudiantes inexpertos _traducen_ literalmente del inglés al español, lo cual no es correcto. En cambio yo _traduzca_ el sentido de la frase en vez de cada una de las palabras.

8. (ejercer) En el club de español yo _ejerzo_ de tesorera y Juan _ejerce_ de secretario.

1-12 Completa las oraciones con el **presente de indicativo** de los verbos entre paréntesis.

1. Cuando vamos a la casa de la playa los fines de semana, mi padre siempre (dormir) _duerme_ la siesta pero mi hermano y yo nunca (dormir) _dormimos_ por las tardes porque preferimos hacer *surf* en la playa.

2. Por las mañanas casi nunca (yo-hacer) _haga_ la cama porque me levanto tarde para ir a clase. (yo-Suponer) _supido_ que otros hacen lo mismo, ¿no?

3. Para hacer ensaladilla rusa, primero yo (cocer) _cocezo_ las patatas, zanahorias y guisantes, y (hervir) _huerve_ unos huevos. Después lo _mezcla_ (mezclar) todo con cebolla picada, mayonesa y atún. Está buenísima.

4. Cuando mi hija (volver) _vuelve_ a la universidad, siempre la llevo al aeropuerto y me (despedir) _despierdo_ de ella allí. Yo siempre le (dar) _doy_ un abrazo y ella me (dar) _da_ un beso.

5. Este perfume (oler) _huele_ maravillosamente. ¿Dónde (decir) _dijiste dijees_ que lo compraste?

6. Para ir de mi casa a la universidad, (yo-ir) _voy_ por la calle de Santo Domingo. Después (torcer) _torguu_ a la derecha y (seguir) _sigo_ por la calle de la Reina hasta llegar al campus.

7. Mi abuelo (decir) _dice_ que no (oír) _oye_ bien. Mi madre lo va a llevar al médico mañana.

8. ¿(Conocer) ___Conoces___ tú a la hermana de Luis? —No, no la

    (yo-conocer) ___Conozco___ pero yo (yo-saber) ___Se___ que

    es muy inteligente.

9. ¿Qué compañía (distribuir) ___distribuye___ ese nuevo modelo de teléfono?

    Quienquiera *(whoever)* que sea (entender) ___entiende___ muy bien las

    necesidades de los usuarios.

10. Dicen que en este salón (caber) ___caben___ ochenta personas, pero yo

    creo que (tener) ___tengo___ capacidad para, por los menos, unas cien.

1-13 Escribe frases originales con los sujetos y verbos indicados. ¡Sé creativo/a!

1. (dormir) Mi hermano ___duerme mucho.___ .

2. (pedir) Los ciudadanos ___pieden pido para___ .

3. (proponer) Yo ___propido___ .

4. (promover) El gobierno ___promueve___ .

5. (medir) ¿Cuánto ___mide___ ?

6. (intervenir) Yo nunca ___interviene___ .

1-14 Completa este *e-mail* de un profesor a su alumno con el **presente de indicativo** de los verbos entre paréntesis.

Hola Javier:

Te escribo este *e-mail* porque (yo-saber) ___Sé___ [1] que no estás rindiendo en

clase todo lo que (tú-poder) ___puedes___ [2]. Me (dar) ___doy___ [3]

cuenta de que no (tú-seguir) ___sigues___ [4] mis explicaciones y (yo-ver)

___veo___ [5] que a menudo cualquier cosa te (distraer) ___destrae___ [6],

especialmente el teléfono móvil. Yo lo (atribuir) ___atribuyo___ [7] a que

estás demasiado cansado pues estás tomando muchas clases este semestre, pero

(yo-querer) ___quiero___ [8] que apruebes el curso. Te (yo-recomendar)

___recomiedo___ [9] que prestes más atención en clase y que prepares mejor los exámenes. (yo-Conocer) _Conzco_ [10] una página web muy buena donde

(tú-poder) _puedes_ [11] hacer más ejercicios para practicar más para el próximo

examen. Hablaremos de ello mañana en clase.

Saludos,

Dr. Fernández

Usos del presente de indicativo

1-15 ¿Cómo se dice en español? Usa el **presente de indicativo** para traducir las siguientes oraciones.

1. *I think I'll be seeing her tomorrow.*

   Creo que la veo mañana

2. *Children, you behave yourselves!*

   Niños se portan bien.

3. *They're coming by bus.*

   Vienen de autobus

4. *Will you help me move this table?*

   me ayudas a mover esta mesa,
   puedes ayudar mover la mesa,

5. *Shall we propose another itinerary?*

   proponemos otro itinerario

6. *She almost lost her job.*

   Por poco
   Ella casi pierde su trabajo

7. *María is wearing a parka because it is cold.*

   María lleva una parka porque hace frio

8. *(You [fam.]) Be quiet now!*

   tú te callas ahorra.

Construcciones reflexivas

1-16 María Elena Salgado, estudiante universitaria y madre de dos hijos, nos describe su rutina diaria. Completa las oraciones con el **presente de indicativo** o el **infinitivo**, según sea necesario, de los verbos entre paréntesis.

(yo-Despertarse) _Me despierto_ [1] a las seis y media y preparo enseguida el desayuno para toda la familia. Mis hijos y mi esposo (levantarse) _Se levantan_ [2] más tarde y todos nosotros (desayunarse) _nos desayunamos_ [3] con fruta, tostadas, cereal y café. Mi esposo (bañarse) _Se baña_ [4] muy rápidamente y sale para la oficina junto con los niños, que también van para la escuela. Pongo los platos y las tazas en la lavaplatos y después de (vestirse) _vistirme_, [5] (maquillarse) _maquillarme_ [6] y (peinarse) _peinarme_, [7] salgo para la universidad donde tomo una clase de psicología. Para mí la clase es muy interesante y (alegrarse) _me alegro_ [8] de haberme inscrito en ella. Algunos estudiantes a veces (enfadarse) _se enfadan_ [9] cariñosamente conmigo porque hago muchas preguntas. La profesora es muy paciente, nos cuenta chistes y en general todos nosotros (divertirse) _nos divertimos_ [10] en clase. Después de terminar, mis compañeros y yo (reunirse) _nos reunimos_ [11] en un café para preparar la tarea juntos. (yo-Sentirse) _me sentí_ [12] muy afortunada de tener tan buenos compañeros y amigos.

siento

1-17 ¿Cómo se dice español?

1. *As soon as Celia gets home she takes off her shoes and puts on her sandals.*

   _____

2. *I regret cutting my hair; I realize now that I look better with long hair.*

   _____

3. *If I'm not mistaken, it's not a good idea to wash your hair every day.*

   _____

4. *The kids always complain because they have to brush their teeth before going to bed.*

_____

1-18 Escoge la forma correcta del verbo entre paréntesis.

1. Cuando (vuelvo/me vuelvo) a casa muy cansado, (pongo/me pongo) música suave para (relajar/relajarme).

2. A veces (duermo/me duermo) al escuchar las noticias. (Me parece/Parezco) que los locutores (aburren/se aburren) con su voz monótona.

3. Por mucho que se lo digo, mi hermano siempre (niega/se niega) que (conduce/se conduce) muy rápido.

4. Susana no (parece/se parece) nada a su hermana. (Conduce/Se conduce) como si fuera una princesa.

5. Si no (voy/me voy) ahora, no voy a llegar a tiempo.

1-19 Subraya las palabras correctas para completar las oraciones.

Anita y Teresa son gemelas y (parecen/se parecen)[1] mucho. Casi siempre (visten/se visten)[2] igual y con frecuencia es muy fácil confundirlas. Yo (acuerdo/me acuerdo)[3] que en una ocasión ellas quisieron gastarle una broma a un novio que tenía Anita. En vez de Anita, Teresa (encontró/ se encontró)[4] con él y (se parece/parece)[5] que pasaron un rato muy divertido. Él no se enteró del cambio hasta días después. No (enfadó/se enfadó),[6] pero juró que eso no (volvería/se volvería)[7] a pasar. Eso sí, cuando se lo recordaban, siempre (negaba/se negaba)[8] que no se hubiera dado cuenta de la broma que le gastaron las gemelas.

1-20 ¿Recíproco o reflexivo? Marca con una **X** las oraciones que contengan una acción recíproca.

1. _____ Paco y Mari se conocen desde hace cinco años.

2. _____ Para que te respeten, primero tienes que respetarte a ti mismo/a.

3. _____ Ante esa situación, me veo obligado a despedirle.

4. _____ En mi familia somos muy unidos y siempre nos apoyamos.

5. ____ Yo no me meto en los asuntos de nadie.

6. ____ Algunas personas no se entienden porque no se hablan.

1-21 ¿Cómo se dice en español?

1. *We don't see each other often, but we do communicate through the Internet.*

   _____

2. *Normally men shake hands to greet each other.*

   _____

3. *They are sad because they have to say goodbye to each other.*

   _____

4. *They listen to each other attentively and tell each other all their secrets.*

   _____

5. *We tell each other jokes all the time.*

   _____

Verbos que expresan idea de cambio

1-22 Completa las oraciones con el **infinitivo** o el **presente de indicativo** de los verbos **convertirse**, **ponerse**, **volverse**, **llegar a ser**, **hacerse** o **quedarse**, de acuerdo con el sentido de la oración.

1. Ya verás que con el paso del tiempo ella _____ administradora de

   esa empresa.

2. Cuando se van nuestros amigos, mi marido y yo siempre _____ un

   poco tristes.

3. Con esas noticias tan deprimentes, cualquiera puede _____ en la

   persona más pesimista del mundo.

4. Isabel piensa _____ abogada para servir en su comunidad.

5. Es obvio que los empleados van a _____ muy contentos cuando les

   digan que les van a dar un aumento de sueldo.

6. Son tantos los cambios que cualquiera _____ loco.

7. Es metodista, pero dice que va a _____ al catolicismo.

8. A veces, cuando me dan una sorpresa, _____ sin poder hablar.

9. No entendemos cómo algunos _____ ricos de la noche a la mañana.

10. Después de pasar por situaciones traumáticas, algunas personas

_____ muy temerosas.

Interrogativos

1-23 ¿Cómo se dice en español?

1. *How difficult can it be?*

_____

2. *What are the beaches in Mexico like?*

_____

3. *What is the speed limit here?*

_____

4. *What are the names of the new members?*

_____

5. *Whose comic books are these?*

_____

1-24 Completa estas preguntas con uno de los siguientes **interrogativos: qué, cómo, cuál, quién, cuánto** o **cuántos**, según sea necesario.

1. ¿_____ años hay en un siglo?

2. ¿_____ te lo dijo? ¿María Teresa?

3. ¿_____ se va a la catedral desde aquí?

4. ¿_____ es la capital de Puerto Rico?

5. ¿_____ es Reynaldo? —Es electricista.

6. ¿_____es el modo verbal?

7. ¿De_____es el pastel? ¿De chocolate?

8. ¿De _____ habla Antonio? ¿Otra vez de política?

9. ¿_____ fue la causa de la huelga?

10. ¿_____ cuesta ese libro electrónico?

1-25 ¿Qué preguntas motivarían las siguientes respuestas? Usa la forma de *tú*.

MODELO: ¿En qué estación estamos? Estamos en primavera.

1. _____ Tengo 25 dólares en la cartera.

2. _____ Normalmente vengo a la universidad en bicicleta.

3. _____ El teléfono está encima de la mesa.

4. _____ Hoy es martes.

5. _____ Mi carro es azul claro.

6. _____ No voy a la piscina porque no me gusta nadar.

7. _____ Soy de Guatemala. ¿Y tú?

8. _____ Es alto y atlético.

9. _____ Ese *iPad* es de Maribel.

10. _____ Me gusta más el suéter verde.

1-26 Rellena los espacios con **qué** o **cuál(es)** según corresponda.

1. ¿_____ te hace reír?

2. ¿_____ son tus chistes favoritos?

3. ¿_____ de los dos cómicos crees que es más gracioso?

4. ¿_____ piensas del programa humorístico que ponen los jueves?

5. ¿_____ prefieres, un video cómico o una viñeta cómica?

Exclamativos

1-27 Escoge la expresión más adecuada como reacción a las siguientes situaciones:

1. Estoy un poco enfermo. Tengo tos y catarro y me duele mucho la garganta.

    a. ¡Dios me libre!   **b.** ¡A mí qué!   **c.** ¡Cuánto lo siento!

2. Ana Berta dice que no puede ir a la playa con nosotros el fin de semana.

    a. ¡Cielos!   **b.** ¡Qué pena!   **c.** ¡Qué lío!

3. El huracán causó muchos daños; muchos ciudadanos perdieron sus casas.

    a. ¡Qué barbaridad!   **b.** ¡Qué va!   **c.** ¡Cómo no!

4. ¿Podrías ayudarme a mover esta mesa del comedor?

    a. ¡Qué sé yo!   **b.** ¡Cómo no!   **c.** ¡Vaya hombre!

5. Ana María dice que perdió el cheque antes de cobrarlo en el banco.

    a. ¡Válgame Dios!   **b.** ¡Sabe Dios!   **c.** ¡Qué diablos!

1-28 Rellena los espacios en blanco con el exclamativo que complete el sentido de la oración.

   Qué   Cómo   Quién   Cuánto/a   Cuántos/as

1. Fuimos al concierto de Juanes. ¡_____ caras estaban las entradas!

   Pero, ¡_____ nos divertimos!

2. ¡_____ tuviera un mes de vacaciones! Entonces iría no solo a

   España sino a Francia también.

3. Dicen que se ganó el premio gordo en la lotería. ¡_____ me alegro!

4. ¡_____ rico está este pastel! Pero ¡_____ calorías!

5. Los aficionados siempre alientan a los jugadores. ¡_____ les animan!

Repaso de acentuación

1-29 Pon la tilde en las palabras que la necesiten.

1. Si me envias un correo electrónico, te contesto hoy mismo.

2. Iris y yo actuamos en una obra teatral este verano.

3. ¿Te graduas este año? Talía y yo nos graduamos el semestre próximo.

4. Hoy en día se prohibe fumar en los restaurantes.

5. Las palabras que terminan en **-ción** se acentuan en la **o**.

1-30 Subraya la palabra correcta en las siguientes oraciones.

El arte surrealista no es (como/cómo)[1] otras formas de arte (que/qué)[2] reflejan la realidad.

¿(Cuáles/Cuales)[3] son sus características? Pues, los surrealistas se inspiran en el sueño,

(donde/dónde)[4] se revelan las fantasías interiores del ser humano. Entre los españoles,

(quienes/quiénes)[5] más se identificaron con el movimiento surrealista, fueron el cineasta

Luis Buñuel y el pintor Salvador Dalí. ¡(Que/Qué)[6] imaginación tenían esos hombres!

Ortografía: c, s, z

1-31 ¿Se escriben con **c**, **s** o **z**? Si no estás seguro/a, consulta un diccionario.

sencille____	pacien____ia	cru____es	to____er
condu____ir	propul____ión	Gonzále____	avari____ia
lápi____es	comer____io	____entavo	co____ina
me____es	ofi____ial	pa____ión	explo____ión
oca____ión	diferen____ia	ofre____co	justi____ia
Martíne____	actri____	apare____er	pe____
democra____ia	cru____	canadien____e	cono____imiento
utili____ar	paí____es	i____quierdo	pure____a

1-32 Escoge la palabra que complete el sentido de la oración.

1. La próxima (ves/vez) que compres ropa, fíjate que esté bien (cosida/cocida).

2. Si no (has/haz) visto la última película de Penélope Cruz, (has/haz) lo posible por ir

esta semana. Estará en el cine (hasta/asta) el próximo sábado.

3. Es importante que la carne para las hamburguesas esté bien (cosida/cocida), pero, por favor, ten cuidado de no (abrasarla/abrazarla).

4. (Siento/Ciento) mucho que no hayan (senado/cenado) en ese restaurante tan bueno.

5. El (concejo/consejo) de la región recomendó no (casar/cazar) en esa zona.

6. Se habló de muchos temas en esa (cesión/sesión) del (senado/cenado).

7. Cuando nos despedimos me (abrasó/abrazó) muy efusivamente.

8. La boda de Cecilia y Luis fue muy interesante; los (casó/cazó) un cura y un rabino.

9. Su (concejo/consejo) fue bueno: "No dejes nada al (asar/azar)."

10. En las últimas elecciones solo votó el veinte por (siento/ciento) de los ciudadanos.

1-33 Subraya la forma correcta.

1.	merecer	mereser	6.	comiensan	comienzan
2.	tradusco	traduzco	7.	hacer	haser
3.	paízes	países	8.	lapicito	lapisito
4.	produce	produse	9.	grandesa	grandeza
5.	actrices	actrizes	10.	japonés	japonez

Capítulo 2

Vocabulario

2-1 **¿Cuál no pertenece?** Escoge la palabra de cada grupo que no está relacionada con las otras palabras.

1. oscurecida   nublada   ensombrecida   ocultada   animada

2. trabajo   pecado   función   quehacer   ocupación

3. atraer   seducir   desarrollar   aproximar   acoger

4. argüir   rebatir   contradecir   discutir   relegar

5. adquirida   asignada   impuesta   establecida   obligada

2-2 Escoge la palabra que mejor complete el significado de la oración.

1. Su obra poética fue muy bien ___ por el público.

   a. adquirida   **b.** acogida   **c.** hallada

2. El maestro ___ a los muchachos por llegar tarde.

   a. persiguió   **b.** rogó   **c.** regañó

3. Gabriela pasa mucho tiempo leyendo. Tiene gran ___ por la lectura.

   a. saber   **b.** inteligencia   **c.** afición

4. Sor Juana creció dentro de ___ intelectual.

   a. un ambiente   **b.** una soledad   **c.** un dominio

5. En general, a ninguno de nosotros nos gustan los ___ domésticos.

    a. pecados   **b.** impuestos   **c.** quehaceres

6. A mi hermana siempre le gustó la enseñanza, por eso ahora ___ el magisterio.

    a. atrae   **b.** ejerce   **c.** acoge

7. Ella es tan inteligente que siempre ___ en todo lo que estudia.

    a. halla   **b.** adquiere   **c.** sobresale

8. El convento donde vivía sor Juana fue ___ por una epidemia.

    a. azotado   **b.** perseguido   **c.** relegado

2-3 Rellena los espacios en blanco con la forma correcta de la palabra que mejor complete el sentido de las siguientes oraciones. Usa las palabras de la lista pero recuerda que no se necesitan todas las palabras.

    asimismo   atraer   culpar   ensombrecer   imponer   magisterio   rebatir   relegar

1. Desde la perspectiva de hoy en día, es difícil comprender que en el pasado las

mujeres estaban _____ al cuidado de los hijos y de la casa.

2. Sor Juana fue una brillante escritora. _____ se distinguió por

defender el derecho de la mujer a estudiar.

3. Desde muy pequeña, a sor Juana le _____ el estudio y la poesía.

4. Su reputación como escritora se vio _____ cuando la acusaron de

no seguir la ortodoxia de la época.

5. Aunque sor Juana _____ brillantemente las acusaciones contra ella,

sus súplicas (*pleas*) fueron desoídas (*ignored*) por la jerarquía religiosa de la época.

6. El obispo de Puebla _____ su criterio y obligó a sor Juana a

retractarse de sus ideas.

El pasado: pretérito e imperfecto

2-4 ¿Cierto o falso?

1. ___C___ El pretérito expresa una acción pasada que se considera terminada.

2. ___F___ Para expresar el momento específico en que empieza una acción se usa el imperfecto.

3. ___C___ El imperfecto narra una acción en progreso sin hacer referencia a un tiempo determinado.

4. ___C___ El imperfecto se usa para expresar acciones repetidas en el pasado.

5. ___F___ En las descripciones en el pasado se prefiere el pretérito.

Pretérito: formas

2-5 Rellena los espacios en blanco con la forma correcta del **pretérito** de los verbos entre paréntesis.

Mientras preparaba un ensayo sobre la mujer y el trabajo, una de las cosas que más me

(sorprender) _Sorprendió_ [1] es que la mujer en las sociedades occidentales (pasar)

pasó [2] de ser una mera ama de casa en los años 50 a estar integrada ple-

namente en el mercado de trabajo. Uno de los autores que (yo-leer) _leí_ [3]

(atribuir) _atribuyí atribuyó (porque?)_ [4] esta trasformación al cambio de mentalidad de la

sociedad hacia el rol de las mujeres. También (yo-averiguar) _averigüé_ [5] que

aunque (haber) _hi Hubo_ [6] mujeres que (sobresalir) _sobresalieron_ [7]

en diferentes campos como Madame Curie en medicina, Amelia Earhart en aviación o María

Montessori en didáctica, la sociedad en general no (reconocer) _reconoció reconocieron_ [8] la

valía *(worth)* social, política y laboral de la mujer hasta finales del siglo XX. En mi ensayo

(yo-poner) _puse, no accento_ [9] como ejemplo a mi propia familia. En los años 50,

mi abuela no (estudiar) _estudió_ [10] más allá de la escuela secundaria y

(dedicarse) _se dedicó_ [11] exclusivamente al cuidado de la casa y sus hijos.

Ni a ella ni a mi abuelo se les (ocurrir) _ocurrió ocurrieron_ [12] nunca que ella traba-

jara. Mi madre, sin embargo, (ir) _fue_ [13] a la universidad y (graduarse)

se graduó [14], pero cuando (casarse) _se casó_ [15] en los años 80

(decidir) _decidió_ [16] quedarse en casa y dedicarse al cuidado de los hijos. Mi generación es diferente pues hemos tenido la opción de poder elegir entre familia o carrera,

o bien elegir las dos.

2-6 Cambia los verbos de este texto del presente al **pretérito.** Empieza el nuevo texto con el adverbio "Ayer…".

Mi día empieza[1] a las seis de la mañana. Me levanto,[2] me ducho,[3] desayuno[4] y salgo[5] para *(empecé)* *(levanté)* *(duché)* *(desayuné)* *(salgué Salí)* trabajar. Saco[6] el coche del garaje y a las siete y media empiezo[7] mi trayecto a la oficina. *(Salqué)* *(empecé)* Cuando llego[8] al trabajo, tengo[9] una reunión con mi equipo, contesto[10] los e-mails y devuel- *(llegué)* *(tuve no acciona)* *(contesté)* *(devolví)* vo[11] los mensajes que me dejan[12] los clientes en el buzón de voz. Así transcurre[13] la maña- *(dejaron)* na. A las 12 y media salgo[14] de la oficina y me voy[15] a comer a un restaurante cercano. En *(Salí)* *(fui)* el restaurante pido[16] un bocadillo de ensalada de atún con lechuga y tomate. Lo como[17] *(pedí)* *(comí)* rápidamente pues solo tengo[18] una hora para comer. Después camino[19] un rato por el parque *(tuve)* *(caminé)* para relajarme y a la una y cuarto vuelvo[20] al trabajo. A las cinco de la tarde, termino[21] todo *(Volví)* *(terminé)* mi trabajo. Recojo[22] mis cosas, apago[23] la computadora, le digo[24] adiós a mi secretaria y *(Recogí)* *(apagué)* *(dije no acciona)* vuelvo[25] a casa. *(Volví)*

2-7 **El atasco**. Rellena los espacios en blanco con el **pretérito** de los verbos entre paréntesis.

El otro día, al salir de clase, me (dar) _____ dio _____[1] cuenta de que no

tenía nada para la cena en casa. ¡Soy un desastre! Con tantos exámenes (olvidarse)

_____ me olvidé _____[2] de ir al supermercado. (Pensar) _____ Pensé _____[3] que

sería una buena idea comprar una pizza para la cena. (Ir) _____ fui _____[4] a la

pizzería y (comprar) _____ Compré _____[5] una pizza de tomate y queso y (seguir)

_____ Seguí _____[6] a mi casa. Pero en la autopista (haber) _____ hubo _____[7]

un accidente y no (poder) _____ pude _____[8] seguir. (Estar) _____ estuve _____[9]

dos horas parado. Durante ese tiempo, (oír) _____ oí _____[10] música en

mi *iPod* y me (comer) _____ comí _____[11] la pizza yo solo. También (llamar)

_____ llamé _____[12] a mi novia y (nosotros-hablar) _____ hablamos _____[13] un

buen rato. Cuando (llegar) _____ llegué _____[14] a casa, mi compañero de cuarto me preguntó: "¿Pero dónde (tú-estar) ___*estuviste*___ [15], hombre? ¡Ya son las

diez!" Él (creer) ___*creyó*___ [16] que me había quedado a estudiar en la

biblioteca de la universidad. Ya en casa, (yo-quitarse) ___*me quité*___ [17] la ropa

y (ducharse) ___*me duché*___ [18]. Después (hacer) ___*hice*___ [19] la

tarea de clase y finalmente mi compañero y yo (sentarse) ___*nos sentimos*___ [20] en

la sala y (ver) ___*vimos*___ [21] la televisión un rato. A las doce (yo-acostarse)

___*me acosté*___ [22] y (dormirse) ___*me dormí*___ [23] enseguida. ¡Estaba agotado!

Usos del pretérito

2-8 Explica por qué se usa el **pretérito** para expresar estas ideas.

1. De repente se oyó un gran ruido.

2. Mi abuelo vino a este país en 1956.

3. El verano pasado no tuve vacaciones.

4. Cuando lo vio, se le acercó y lo abrazó.

5. Viví en Nueva York por nueve años.

6. Estábamos comiendo cuando entró.

2-9 Haz las preguntas necesarias para obtener estas respuestas. En tus preguntas usa el **pretérito** del verbo entre paréntesis en la persona indicada.

1. (ellos-servir) ___*sevieron*___ —Arroz con pollo.

2. (tú-pedir) ___*pediste*___ —Que me trajera un tenedor.

3. (Ud.-dormir) ___*durmió*___ —En un hotel de carretera.

4. (ella-reírse) ___*se reyó*___ —De cómo iba vestido Luis.

5. (tú-ponerse) ___*se pusiste*___ —Un vestido.

6. (ellos-reñir) ___*se riñeron*___ —Porque no se llevan bien.

7. (tú-decir) ___*dijiste*___ —Que tengo sueño.

8. (ellos-despedirse) ___*se despuso*___ —En el aeropuerto.

9. (tú-traer) _____ —Un flan.

10. (Uds.-vestirse) _____ —En los vestuarios.

2-10 El Día de la Igualdad. Rellena los espacios en blanco con la forma correcta del **pretérito** de los verbos entre paréntesis.

1. (estar) Matilde __*Estuvo*__ en mi casa ayer. Las dos

    __*estuvieron*__ preparando el orden del día para la reunión del Club de
    estuvimos

    Igualdad de la universidad.

2. (proponer) En la reunión de hoy, la presidenta __*propuso*__ celebrar el

    Día de la Igualdad en el campus. Otros miembros del club __*propusieron*__

    celebrar este día cada año.

3. (disponer) En la reunión también se __*dispuso*__ que se le pidiera más

    apoyo a la universidad para esta celebración.

4. (haber) __*hubo*__ total unanimidad pues todos estuvieron de acuerdo.

5. (decir) Varios miembros __*dijieron*__ que era necesario involucrar *(to*
    dijeron

    involve) a todo el campus en esta celebración. Yo __*dije*__ que se

    debería invitar a los otros clubs a nuestra próxima reunión.

6. (intervenir) Finalmente __*intervenió*__ la presidenta y dijo que se haría una
    intervino

    reunión extraordinaria con los otros clubs para preparar la celebración.

7. (componer) Varios miembros __*compusieron*__ el primer borrador *(draft)* del

    programa de la celebración.

8. (atraer). Un miembro les recordó a los asistentes que, el año pasado, una celebración

    parecida __*atraió*__ la atención de los medios de comunicación locales.
    atraio

9. (introducir) La presidenta __*introdujo*__ una moción para invitar a la

    televisión local a cubrir el evento.

10. (predecir) Todos los presentes __*predecieron*__ que este año el Día de la
    predejeron

    Igualdad sería un gran éxito.

Imperfecto de indicativo: formas

2-11 Cómo han cambiado las cosas. Rellena los espacios en blanco con la forma correcta del **imperfecto** de los verbos entre paréntesis.

1. La generación de mis padres (enviar) ___Enviaban___ más cartas, pero ahora
   se envían *e-mails* y mensajes de texto. *enviaba*

2. La gente ahora viaja más en avión y auto, pero en el pasado mis abuelos (viajar)
   ___viajaban___ más en tren.

3. Recuerdo que mi madre siempre (pagar) ___pagaba___ con cheques en el
   supermercado, pero ahora se suele pagar con tarjetas de débito y crédito.

4. Mis abuelos (leer) ___leían___ el periódico en papel, pero ahora es
   corriente leerlo en la computadora, el teléfono inteligente o el *iPad*.

5. Ahora se puede llamar desde cualquier lugar con los teléfonos móviles, pero antes
   (haber) ___había___ que llamar desde un teléfono fijo.

6. Hace unos años la gente (mandar) ___mandaba___ documentos por fax, pero
   ahora es más corriente que los documentos se manden en formato PDF.

7. Las generaciones anteriores no (dar) ___daban___ mucha importancia a la
   conservación de la naturaleza. Ahora es una prioridad.

8. En la actualidad se puede ir de un continente a otro en avión en cuestión de horas,
   pero hace solo sesenta años la gente (ir) ___iba___ en barco y (tardar)
   ___tardaba___ semanas o hasta meses en llegar.

Usos del imperfecto de indicativo

2-12 ¿Cómo se dice en español?

1. *My mother would take us to the beach every summer.*
   ___Mi madre llevaba a la playa cada verano.___

2. *Amalia was ten in 2005.*

Amalia tenía 10 años en 2005

3. *She said that she was going to call us later.*

Dijo que iba a llamar más tarde.

4. *I wasn't feeling well yesterday*

No me siento bien ayer.

5. *I wanted to ask you a favor.*

te quería pedirte un favor

6. *He was going to the market.*

Iba al mercado

Diferencias entre el pretérito y el imperfecto de indicativo

2-13 Explica la diferencia de significado que el uso del **pretérito** o del **imperfecto** les confiere a estas oraciones.

1. Él era muy rico: describción la condición

Él fue muy rico: termina la condición

2. Tuve que ir al mercado: siguiere que la vista al mercado

Tenía que ir al mercado: siguiere que existía la necesidad

3. Ellos sabían que Juan estaba casado: tenía el conocimient previo del hech

Ellos supieron ayer que Juan estaba casado: enteraron o se dieron cuenta del hech

4. No quise ir de excursión con ellos: quiere decir que se negó a ir

No quería ir de excursión con ellos: no tiene la intención o deseo de ir con ellos

5. Él podía llamarnos: tenía la habilidad o capacidad

Él pudo llamarnos más tarde: efectuó el hecho de llamar

2-14 Escoge la forma correcta del verbo según se requiera. En los casos en los que se pueda usar tanto el **pretérito** como el **imperfecto**, subraya ambas formas.

1. El profesor Sánchez (era/**fue**) uno de los mejores profesores que tuve en la universidad.

2. (**Era**/fue) muy estricto, pero muy buen profesor también.

3. Cuando (**entraba**/entró) en clase, siempre (**preguntaba**/preguntó): "¿Qué quieren aprender hoy?"

4. Los estudiantes (sugerían/**sugirieron**) varios temas y él (explicaba/**explicó**) uno. (**Era**/Fue) como pedir a la carta en un restaurante.

5. Eso sí: el profesor siempre nos (**pedía**/pidió) que apagáramos los teléfonos móviles al entrar en clase.

6. Una vez un estudiante (se olvidaba/**se olvidó**) de apagarlo y el teléfono (sonaba/**sonó**) en medio de su explicación.

7. Muy tranquilamente, el profesor (tomaba/**tomó**) el teléfono del estudiante y (contestaba/**contestó**) él la llamada.

8. (**Era**/Fue) la madre del estudiante que (preguntaba/**preguntó**) por él.

9. Muy serio, el profesor le (respondía/**respondió**) que su hijo (**estaba**/estuvo) en clase y que por lo visto no (**sabía**/supo) seguir instrucciones, pero siendo su madre, seguramente ella ya lo (**sabía**/supo).

10. Nunca más (se oía/**se oyó**) un teléfono en aquella clase.

2-15 **La boda**. Rellena los espacios en blanco con la forma correcta del **pretérito** o del **imperfecto** de los verbos entre paréntesis. Cuando el uso de ambos tiempos sea posible, escribe los dos.

Ayer (casarse) __Se casaron__[1] mis amigos Pepe y Pedro. La boda (celebrarse)

__Se celebró__[2] en el juzgado. Cuando los novios (llegar) __llegaron__[3]

(ser) __eran__[4] exactamente las doce en punto y todos los invitados (estar)

__estaban__[5] esperándolos. El día (ser) __era__[6] espléndido y no

(haber) __había__[7] ni una nube pero (hacer) __hacía__[8] un poco de calor. Tanto Pepe como Pedro (ir) ___fue ibna___[9] elegantemente vestidos. Pepe

(llevar) ___llevó llevaba___[10] un traje azul y Pedro (vestir) ___vestía___[11]

un traje beige. Cuando (entrar) ___entraron___[12] en el salón, la jueza los

(esperar) ___esperaba___[13] con una sonrisa de bienvenida. Inmediatamente

(empezar) ___empezó___[14] la ceremonia. Mientras la jueza (leer)

___leía___[15] los artículos preceptivos de la ley del matrimonio civil,

todos los asistentes (escuchar) ___escucharon escuchaban___[16] con atención. (yo-Fijarse)

___me fijaba fijé___[17] que la madre de Pedro (llorar) ___lloraba llovió___[18]

de alegría cuando su hijo le (poner) ___puso___[19] la alianza (wedding ring)

a su esposo. También (yo-ver) ___vi___[20] que los dos novios

(sonreír) ___sonrieron___[21] radiantes de felicidad mientras la jueza los

(declarar) ___declaraba___[22] legalmente casados. La ceremonia (terminar)

___terminó___[23] con las firmas de los novios en el libro de registro. Al salir,

mientras todos los asistentes (felicitar) ___felicitaban___[24] a los recién casados, los

sobrinos de Pepe les (tirar) ___tiraron___[25] arroz. Después todos nosotros

(dirigirse) ___no dirigimos___[26] caminando al restaurante ya que este

(quedar) ___quedamos quedaba___[27] a unos pocos metros del juzgado. La boda

(ser) ___fue___[28] muy emotiva y la recepción y baile (resultar)

___resultaron___[29] muy divertidos.

2-16 El voto femenino en España. Rellena los espacios en blanco con la forma correcta del **pretérito** o del **imperfecto** de los verbos entre paréntesis. Cuando ambos tiempos sean posibles, escribe los dos.

El primero de octubre de 1931 (tener) ___tuvo___[1] lugar una de las conquis-

tas sociales y políticas más importantes para la mujer española: la aprobación del voto

femenino. Antes de esta fecha, las mujeres en España no (poder) ___podían___[2]

votar aunque sí se les (permitir) ___permitía___[3] presentarse a las elecciones. Este

Nombre _____ Fecha _____ Clase _____

hecho histórico (ocurrir) _ocurrió_[4] durante la Segunda República española

(1931-1939), pero (venir) _vino_[5] precedido de acalorados debates en el

Congreso pues diferentes diputados (defender) _defendían_[6] posiciones

contrapuestas.

Durante los debates, algunos diputados (opinar) _opinaban_[7] que las

mujeres no (estar) _estaban_[8] preparadas para ejercer el derecho al voto. Otros

diputados más reaccionarios, hombres, por supuesto, (argüir) _argüían_[9] que

no se (poder) _podía_[10] conceder el voto femenino "porque las mujeres

son histéricas por naturaleza" (Diputado Novoa Santos). Dos diputadas que (tomar)

tomaron[11] parte en el debate, Victoria Kent y Margarita Nelken, que (ser)

eran[12] feministas, (considerar) _consideraban_[13] inoportuno el

reconocimiento del voto femenino y no lo (apoyar) _apoyaron_[14].

Ante estos argumentos discriminatorios se (alzar) _alzó_[15] la

voz de la diputada Clara Campoamor que (defender) _defendió_[16] el

decididamente el derecho de las mujeres a elegir a sus representantes en el Parlamento

igual que lo (hacer) _hizo hacían_[17] los hombres. Su tenacidad y elocuencia (ser)

era fueron[18] decisivas para refutar los argumentos de quienes (pretender)

pretendían[19] retrasar el reconocimiento del voto femenino. Con brillantes

discursos, Clara Campoamor (rebatir) _rebatía rebatió_[20] uno por uno a los diputados

y diputadas que (oponerse) _se oponían_[21] al reconocimiento del voto femenino.

Finalmente (prevalecer) _prevaleció_[22] la tesis de Campoamor y el 1 de octubre

de 1931 el Congreso de Diputados de España (aprobar) _aprobba aprobó_[23] por 161

votos frente a 121, el derecho de las mujeres al voto. Dos años después, las españolas por

fin (poder) _pudieron_[24] elegir a sus representantes en las elecciones generales

de 1933.

2-17 Preguntas de comprensión. Escribe las respuestas a las siguientes preguntas basadas en el texto anterior.

1. ¿En qué año se aprobó el voto femenino en España?

   _En 1931_

2. ¿Cuál era el sistema político en España en aquella época?

   Era la republica

3. Cita dos argumentos de los que se oponían a que las mujeres tuvieran derecho al voto.

   no estaban preparados para ejercer el derecho.

4. Aunque las mujeres no podían votar en las elecciones, ¿podían ser elegidas para cargos políticos antes de 1931?

   Si, podían ser elegidas

5. ¿Cómo se llamaba la diputada que defendió el voto femenino? ¿Y las que se oponían?

   clara compoamar, victoria Kent y margarita Nelken

6. ¿Cuál fue el resultado de la votación en el Parlamento?

   el sesutodo fue 161 votos frente a 121.

7. ¿En qué año pudieron por fin las españolas votar por primera vez?

   _En 1933_

2-18 ¿Cómo se dice en español? Después de repasar la sección **"Algo más"** en tu libro de texto (páginas 69-70) traduce las siguientes oraciones.

1. *When I was in high school I used to play basketball with my friends on Fridays.*

   _____

2. *She meant to call you, but she didn't have her cell phone.*

   _____

3. *She always loved her children very much.*

_____

4. *Tomás had just arrived when I called him.*

_____

5. *Pilar had been working in finance* (finanzas) *for a long time when I met her.*

_____

6. *Pilar worked in finance a long time ago.*

_____

7. *Amalia finished writing her novel last week.*

_____

8. *I didn't find out that she was a writer until Clara told me.*

_____

9. *My parents met my boyfriend yesterday.*

_____

10. *My brother already knew him.*

_____

Artículo definido

2-19 Subraya la forma correcta. Cuando las dos opciones sean posibles, subraya las dos.

1. Dicen que la cara es el espejo (del/de la) alma.

2. Antes de volver al trabajo, lávense (sus/las) manos.

3. No creo que la chaqueta sea de ella; creo que es (de él/del).

4. Son ricos. Obviamente tienen (el/Ø) dinero.

5. Dicen que (el/Ø) dinero es la raíz de todos los males.

6. (El/Ø) domingo de Pascua nos vamos a reunir a comer con la familia.

7. (El/Ø) alemán tiene conjugaciones como (el/Ø) latín.

8. La economía (del/de) Perú ha mejorado considerablemente.

9. ¿Quieres jugar (al/Ø) baloncesto luego?

10. (Lo/el) interesante del caso es que yo ni siquiera lo conozco.

2-20 Rellena los espacios en blanco con el artículo definido **el**, **la**, **los** o **las**, o con el neutro **lo**. **Usa las** contracciones **al** o **del** cuando sea necesario y el símbolo Ø si no se necesita el artículo. En los casos en que haya más de una posibilidad, escribe ambas posibilidades.

1. Tere ya tiene _____ dinero que necesita para comprarse un auto.

2. A ese hombre lo pusieron en _____ cárcel porque cometió varios

   delitos.

3. Prefiero tomar mis vacaciones en _____ invierno; mi hermana

   prefiere _____ verano.

4. _____ Dra. Meléndez me recetó más descanso.

5. Álex me dijo que _____ cena era a _____ siete.

6. ¿Dónde aprendiste _____ español?

7. A mí me parece aburrido jugar a _____ cartas.

8. El discurso de _____ Sr. Martínez fue en _____

   inglés.

9. Él habla fluidamente tanto _____ inglés como

   _____ español.

10. Felipe _____ Segundo mandó construir _____

    Monasterio de El Escorial.

11. _____ Srta. García, ¿puede venir a mi oficina un momento?

12. Por favor, Mari, si vas a _____ mercado me traes

    _____ azúcar, _____ pan y

    _____ verduras.

13. Estacionó el auto cerca de _____ Bulevar San Martín.

14. En _____ invierno pensamos ir a _____ Sur para

escapar de _____ frío.

15. En mi pueblo se cierran casi todas _____ tiendas

_____ domingos.

16. Dicen que _____ dinero no trae _____ felicidad,

pero ayuda a sufrir con _____ comodidad.

17. Las cerezas estaban a noventa centavos _____ libra.

18. En muchos países _____ hombres y _____

mujeres no tienen _____ mismos derechos.

19. _____ raro es que ni siquiera me llamó para confirmar la hora.

20. _____ fumar es malo para la salud.

2-21 ¿Cómo se dice en español?

1. *He took a shower when he got home.*

_____

2. *She normally has her breakfast at the kitchen table.*

_____

3. *Elena is studying Psychology in college.*

_____

4. *I wash my hair every two days.*

_____

5. *On Tuesdays and Thursdays I have my yoga class at 9.*

_____

6. *Dr. Mariño teaches basic Spanish.*

_____

7. *I didn't realize how tall he is until I saw him.*

_____

8. *It's said that king Carlos the Third was the best mayor of Madrid.*

_____

9. *We walked down Avenida Santa Fe when we were in Buenos Aires.*

_____

10. *I love to hear the singing of the birds.*

_____

Artículo indefinido

2-22 Rellena los espacios en blanco con el artículo indefinido (**un**, **una**, **unos**, **unas**). Si no se necesita el artículo, escribe el símbolo Ø.

1. Pepe, hace mucho frío; no salgas sin _____ chaqueta.

2. No tengo _____ computadora, por eso no te puedo mandar

_____ e-mails.

3. Jorge es _____ verdadero experto en aparatos electrónicos.

4. Tita buscaba _____ trabajo que pagara bien. Por fin consiguió

_____ trabajo en una fábrica.

5. Vendió el negocio por _____ millón de dólares.

6. Siempre dijo que algún día llegaría a ser _____ médico.

7. Anabel es _____ venezolana pero actualmente vive en París. Es

_____ diseñadora de ropa para niños.

8. No había mucha gente: _____ veinte personas más o menos.

9. Dicen que Nueva York tiene _____ agua buenísima.

10. Hubo _____ atasco (*traffic jam*) terrible esta tarde.

11. ¿Tienes _____ auto?

12. ¿Tienes _____ auto híbrido?

13. Fernando es _____ electricista estupendo.

14. Se vendieron _____ mil entradas para el concierto en

_____ hora.

15. Estoy seguro de que _____ cien veces _____ cien

son diez mil.

2-23 Completa las siguientes oraciones con la traducción de las expresiones entre paréntesis.

1. *(What a beautiful day!)* No hace ni frío ni calor. _____

2. No es verdad. No dije *(such a thing).* _____

3. Se distribuyeron *(about a hundred)* invitaciones. _____

4. Vamos a hablar de *(another)* tema. _____

5. Lope de Vega fue *(a famous Spanish dramatist).* _____

6. ¡Caramba! Tú siempre tienes *(a thousand)* cosas que hacer. _____

7. La hija de Doña Pilar es *(an architect)* muy distinguida. _____

8. Si tuviera *(a bicycle)* la usaría para ir al trabajo. _____

Verbos impersonales

2-24 Completa el párrafo con la forma correcta de los verbos entre paréntesis. Usa los
verbos en **presente**, **pretérito** o **imperfecto** según sea necesario.

Como (amanecer) _____[1] muy temprano en el verano, esta mañana

salimos para San Diego cuando salía el sol. (Precisar) _____[2] salir tem-

prano porque queríamos llegar antes del mediodía. Ayer (diluviar) _____[3]

toda la mañana y por la tarde (estar) _____[4] tronando y relampa-

gueando. No (escampar) _____[5] hasta antes del anochecer. (Parecer)

_____[6] que íbamos a tener un ciclón. Sin embargo, hoy (amanecer)

_____[7] bastante despejado aunque con algunas nubes, pero de momento no

(llover) _____[8]. De hecho (hacer) _____[9] bastante buen

tiempo.

2-25 Usa los siguientes verbos en el **pretérito** o el **imperfecto** en la traducción de las siguientes oraciones.

amanecer   convenir   escampar   hacer   lloviznar   nevar   tronar

1. *This morning I woke up in a bad mood.*

_____

2. *It was snowing, that's why we decided to stay home.*

_____

3. *I thought it wasn't advisable to go for a walk while it was drizzling.*

_____

4. *It stopped raining at dawn. After that, the weather was very nice.*

_____

5. *It thundered all night. It seemed to scare everyone.*

_____

Repaso de acentuación

2-26 Escribe la tilde en las palabras subrayadas si se necesita.

1. Nosotros <u>queriamos</u> ir a la graduación de Ricardo pero no <u>pudimos</u>.

2. Ayer <u>hizo</u> muy buen tiempo. No <u>llovio</u> ni <u>nevo</u>.

3. Manuel <u>vino</u> muy temprano, pero se <u>fue</u> al ver que no <u>llegabamos</u>.

4. ¿Dices que Micaela <u>trajo</u> los globos para las decoraciones? ¿Dónde los <u>puso</u>?

5. Nadie me <u>impidio</u> que fuera, por eso me <u>presente</u> en su despacho.

Ortografía: b, v

2-27 ¿Se escriben con **b** o **v**? Si no estás seguro/a consulta un diccionario.

ser___imos	___loque	con___ento	inscri___ir
ad___ertir	fie___re	em___lema	___ersos
a___urrido	cu___ierto	pri___acidad	escucha___an

ob___iamente	go___ierno	prohi___ir	sa___or
ner___ioso	ja___ón	in___ertir	am___ición
___anidad	e___idencia	ha___itual	i___an
no___icia	reci___imiento	ri___alidad	e___olución
a___ispa	o___ispo	her__ir	sel___a

2-28 Escoge la palabra correcta.

1. Finalmente se (rebeló/reveló) que aquel hombre no era (barón/varón), sino un campesino del pueblo.

2. Pepe no (tuvo/tubo) que trabajar el lunes porque era día feriado.

3. Dice que usa maquillaje para cubrirse el (bello/vello) de la cara.

4. Va a (ver/haber) tormenta mañana.

5. Según la historia, los súbditos se (rebelaron/revelaron) contra el rey.

6. Don Manuel decidió dejarle todos sus (bienes/vienes) a una organización caritativa.

7. A pesar de tener mucho (bello/vello), es un joven muy (bello/vello).

8. Si (votas/botas) por ese candidato es que apoyas sus ideas sobre la igualdad.

9. Carlos dice que va a (ver/ haber) a su consejero mañana por la mañana.

10. Mi madre es una persona muy (sabia/savia) y yo respeto todos sus consejos.

11. Paco, está lloviendo. Ponte las (votas/botas) antes de salir.

12. Mi tía Eugenia tiene tres niños: dos mujercitas y un (barón/varón).

13. El (tuvo/tubo) que pasa por debajo de la casa se ha roto.

14. Hice una mezcla de (savia/sabia) y limón; dicen que es buena para adelgazar. (A ver/A haber) si es verdad.

15. Si (bienes/vienes) a mi casa esta tarde, te muestro las fotos que saqué con mi *smartphone*.

2-29 Escribe la letra de la columna **B** que corresponde al significado de la palabra en la columna **A**.

A	B
_____ **1.** hierba	**a.** estoy indeciso; no sé qué hacer
_____ **2.** hierva	**b.** muy extendida o grande
_____ **3.** bacilo	**c.** caliente hasta 100 °C
_____ **4.** vacilo	**d.** captar o registrar imágenes o sonidos digitalmente
_____ **5.** botar	**e.** césped o pasto
_____ **6.** votar	**f.** voz que sirve para poner fin a una acción
_____ **7.** basta	**g.** arrojar o echar fuera
_____ **8.** vasta	**h.** tipo de bacteria
_____ **9.** grabar	**i.** imponer tributos o impuestos
_____ **10.** gravar	**j.** elegir, mostrar preferencia por un/a candidato/a

Capítulo 3

Vocabulario

3-1 **¿Cuál no pertenece?** Escoge la palabra de cada grupo que no está relacionada con las otras palabras.

1. alcanzar	conseguir	obtener	recibir	utilizar
2. convertir	sumar	añadir	agregar	incorporar
3. sorprendido	atónito	asustado	diseñado	emocionado
4. enmarañado	sencillo	complicado	complejo	difícil
5. dispositivo	utensilio	dibujo	instrumento	aparato

3-2 Rellena los espacios en blanco con la forma correcta de la palabra o expresión que mejor complete el sentido de las siguientes oraciones. Usa las palabras de la lista pero recuerda que no todas las palabras se necesitan.

agujero	desarrollo	atónito	disponible	inverosímil	aprehender
capaz	añadir	a medida que	cotidiano	hacer falta	atravesar

1. El _____ tecnológico de los últimos cincuenta años ha sido

   espectacular.

2. La excusa que dio Paco me resulta del todo _____.

3. La vida _____ en los pueblos es muy diferente de la vida en las

   grandes ciudades.

4. El _____ de la capa de ozono se detectó a finales del siglo XX.

5. La imprevista intervención del director dejó a todos los asistentes

   _____.

6. "La tecnología que viene es apasionante", _____ el conferenciante.

7. A la mente humana le es difícil _____ la magnitud del universo.

8. Antonia es muy _____. Cualquier proyecto que le asignes, lo hará

   sin problema alguno.

9. En algunos campos _____ más técnicos cualificados.

10. _____ se inventan nuevas tecnologías, se diseñan también

    aplicaciones prácticas de esas tecnologías para el ciudadano medio.

3-3 Busca en la lista del vocabulario de la página 88 de tu libro de texto el **sinónimo** de las siguientes palabras o expresiones:

1. sugerir _____   5. adivinar _____

2. elaborar _____   6. aparato _____

3. cruzar _____   7. de acuerdo a _____

4. evolucionado _____ 8. a disposición de _____

Futuro y condicional: formas y usos

3-4 Rellena los espacios en blanco con la forma correcta del **futuro** de los verbos entre paréntesis.

1. (haber) En el futuro _____ más coches híbridos.

2. (tener) Los teléfonos móviles _____ cada vez más aplicaciones.

3. (ser) La tecnología popular _____ todavía más fácil de usar.

4. (poder) Los humanos _____ transmitir sus pensamientos directamente a las computadoras.

5. (bajar) Muchos dispositivos _____ considerablemente de precio.

6. (inventar) Los científicos _____ formas más eficaces de almacenamiento de datos.

7. (reemplazar) Nuevas formas de energías renovables _____ a las

   existentes.

8. (hacer) Pero, ¿todos estos avances _____ más feliz a la gente?

3-5 Rellena los espacios en blanco con la forma correcta del **condicional** de los verbos entre paréntesis.

Si (yo) no tuviera mi teléfono móvil…

1. (poder) no _____ llamar desde cualquier lugar.

2. (hacer) _____ la tarea sin interrupciones.

3. (estar) no _____ todo el tiempo mirando mis mensajes.

4. (vivir) _____ más desconectado/a.

5. (tener) no _____ que pagar una cuenta más cada mes.

6. (actualizar) _____ mi perfil social menos a menudo.

7. (llamar) no _____ tanto a mis amigos.

8. (saber) no _____ vivir.

3-6 Cambia al **futuro** las siguientes oraciones con **ir a + infinitivo**.

1. La semana que viene vamos a ir de vacaciones a la costa.

2. Vamos a pasar una semana en Tossa de Mar.

3. Vamos a hacer el viaje por carretera.

4. Vamos a salir a las 8 de la mañana.

3-7 Ahora cambia a la forma **ir a + infinitivo** estas oraciones en el **futuro**.

1. Creo que el viaje durará unas 6 horas más o menos.

2. Cuando lleguemos, descansaré y dormiré.

3. Estoy seguro que mis hijos irán a la playa todos los días.

4. Seguro que habrá muchos turistas pues es agosto y mucha gente está de vacaciones.

5. Estoy seguro que mi esposa querrá que practique buceo con ella.

6. Cuando me pregunte, le diré que he venido a descansar, no a bucear.

3-8 **¿Cómo se dice en español?** Usa el **futuro de indicativo** en la traducción de las siguientes oraciones.

1. *It must be two o'clock.*

    _____

2. *I wonder where Marta is.*

    _____

3. *I'll call you later.*

    _____

4. *Will they get here on time?*

    _____

5. *You will not go out tonight.*

    _____

3-9 Repasa la sección **"Algo más"** en la página 94 de tu libro de texto. Transforma estas afirmaciones en conjeturas usando **Me pregunto si… Probablemente**, **Deben de** o el tiempo futuro.

> **MODELO:** Ya son las 5. <u>Me pregunto si ya son las cinco. Probablemente ya son las cinco. Ya deben ser las cinco. Ya serán las cinco.</u>

1. Es un nuevo invento. _____

    _____

2. Viven cerca de aquí. _____

    _____

3. Hay una fiesta en la casa de enfrente. _____

    _____

4. Quiere que la ayudemos. _____

    _____

5. Cuesta mucho dinero. _____

    _____

3-10 Usa el **condicional** para expresar conjeturas en el pasado sobre los hechos mencionados.

> **MODELO:** Hubo mucho ruido anoche en la casa de al lado.
> Habría (Tendrían) una fiesta.

1. Jaime no vino anoche.

   _____

2. Llamé a Rosa, pero no contestó.

   _____

3. No vi a Laura en el centro de computación.

   _____

4. Marcela y Patricia iban muy bien vestidas ayer.

   _____

5. Carmen vino hoy en el autobús.

   _____

3-11 Cambia estas oraciones al **condicional** para expresar estas ideas de una manera más cortés.

1. ¿Puedes llevarme al aeropuerto esta noche?

   _____

2. Deseo hacerle unas preguntas.

   _____

3. Prefiero no hablar de ese tema.

   _____

4. Debes acostarte ya.

   _____

3-12 Cambia estas oraciones del **presente** al **pasado**. Haz los cambios que sean necesarios.

1. Gonzalo dice que vendrá a las cinco.

   _____.

2. Pienso que aceptará nuestra oferta.

_____.

3. El presidente sabe que la oposición no apoyará sus propuestas.

_____.

4. Me parece que no habrá problemas con el proyecto.

_____.

5. Supongo que tendremos que pedir permiso para hacer eso.

_____.

3-13 ¿Cómo se dice en español? Usa el **condicional** para expresar conjetura en la traducción de las siguientes oraciones.

1. _Could I use your cell phone?_

_____

2. _You shouldn't answer your messages when you are in class._

_____

3. _You don't suppose Mirta took it, do you?_

_____

4. _I would like to talk to you today or tomorrow._

_____

5. _It was probably 9 when he called._

_____

6. _I would go with you, but I don't have time._

_____

Verbos que traducen _to be: ser, estar, tener, haber, hacer_

3-14 Escoge la forma correcta de **ser** o **estar** para completar las siguientes oraciones.

1. Las nuevas tecnologías (son/están) íntimamente relacionadas con el desarrollo económico mundial.

2. Los teléfonos móviles (son/están) cada vez más funcionales.

3. La energía solar (es/está) una alternativa limpia a la actual forma de producir electricidad.

4. Algunas tecnologías que tenemos hoy ya (fueron/estuvieron) descritas en el Renacimiento.

5. (Estamos/Somos) en un momento cambiante en la evolución de las relaciones humanas debido a las nuevas tecnologías.

6. El teléfono (es/está) apagado.

7. Mi compañía (es/está) desarrollando un nuevo sistema operativo.

8. Ayer dijeron que el nuevo modelo de *iPad* (sería/estaría) listo en noviembre.

9. En el futuro las energías renovables (serán/estarán) algo común en todos los hogares.

10. Las energías renovables (serán/estarán) en todos los hogares en un futuro próximo.

3-15 Completa las oraciones con el tiempo apropiado de **ser** o **estar**.

1. Yo ____soy____ peruana, pero mi esposo ____es____ ecuatoriano.

2. Estos días (nosotros) ____estamos____ de vacaciones en la costa.

3. El tiempo ____es____ siempre fantástico en esta zona, aunque ayer ____está____ estuvo un poco nublado.

4. El hotel donde (nosotros) ____estamos____ ____es____ pequeño pero muy acogedor.

5. Los empleados ____son____ muy cordiales.

6. Ayer mi esposo y yo ____fuimos____ estuviamos en una playa cercana.

7. Como (nosotros) _____somos_____ aficionados al buceo, pasamos la mayor parte del tiempo en el agua.

8. Después de bucear, los dos _____estábamos_____ muy cansados y teníamos hambre.

9. Cuando regresamos al hotel, _____eran_____ las cinco más o menos.

10. Después de ducharnos, salimos a cenar a un restaurante al lado del hotel. La cena _____fue_____ deliciosa.

3-16 Explica el cambio de significado que el uso de **ser** o **estar** les confiere a estas oraciones.

1. Enrique está muy aburrido hoy. *very bored*

2. Enrique es muy aburrido. *very boring*

3. Las manzanas están verdes. *are not ripe*

4. Las manzanas son verdes. *are green*

5. La abuela de Luz está viva. *a live*

6. La abuela de Luz es muy viva. *very smart*

3-17 Rellena los espacios en blanco con la forma correcta de **ser** o **estar** en el tiempo que corresponda.

Los teléfonos celulares de hoy en día _____son_____[1] mucho más funcionales que hace unos años. En el pasado, además, los teléfonos _____eran_____[2] mucho más grandes y _____estaban_____[3] concebidos únicamente para hacer llamadas. _____fue_____[4] en 2008, con la introducción de los teléfonos inteligentes, cuando la telefonía móvil cambió radicalmente. Los teléfonos de hoy _____son_____[5] capaces de ofrecer al usuario muchas aplicaciones que _____eran_____[6] inimaginables hace solo unos años. El usuario, además, considera que el teléfono _____es_____[7] una extensión de sí mismo que le permite _____estar_____[8] constantemente conectado no solo a través de la voz sino también virtualmente a través de

Nombre _____ Fecha _____ Clase _____

las redes sociales. Para muchos ___es___[9] difícil imaginar la vida en el siglo

XXI sin estos aparatos.

3-18 Combina la expresión de la columna **B** que se relacione con la oración de la columna **A**.

A	B
_C_ 1. Se fue la luz.	**a.** Está de luto.
_j_ 2. Mari va a tener un niño.	**b.** Está de incógnito.
_i_ 3. Tenemos las mismas opiniones.	**c.** Estamos a oscuras.
_B_ 4. Va disfrazada.	**d.** Está de moda.
_D_ 5. Mucha gente tiene tatuajes (*tatoos*).	**e.** Está de rodillas.
_H_ 6. No le veo la cara.	**f.** Está de buen humor.
_e_ 7. Está limpiando una mancha en el piso.	**g.** Está de regreso.
_F_ 8. Está contento y haciendo chistes.	**h.** Está de espaldas.
_g_ 9. Ya volvió de vacaciones.	**i.** Estamos de acuerdo.
_A_ 10. Su padre murió.	**j.** Está en estado.

3-19 Escoge la opción que mejor se relacione con cada oración.

1. No quiere que su novia mire a los otros chicos.

   a. Tiene celos.   **b.** Tiene la culpa.   **c.** Tiene éxito.

2. Cuando va a correr por la noche se pone un chaleco (*vest*) reflectante.

   a. Tiene lástima.   **b.** Tiene ganas.   **c.** Tiene cuidado.

3. No quiere que nadie lo vea hasta que se olviden de lo que pasó.

   a. Tiene prisa.   **b.** Tiene vergüenza.   **c.** Tiene suerte.

4. Se quitó la chaqueta.

   a. Tiene sueño.   **b.** Tiene calor.   **c.** Tiene frío.

5. Me dice que soy muy joven para casarme.

   a. Tiene sed.   **b.** Tiene hambre.   **c.** Tiene razón.

3-20 Completa las oraciones con una frase original usando una expresión con **tener**.

1. Está bebiendo agua porque _tiene sed_

2. No paro de estornudar (*sneeze*) porque _tiene catarros_

3. Nos fuimos a la cama temprano porque _teníamos sueños_

4. El otro conductor causó el accidente. Él _tuvo la culpa_

5. Ganó medio millón en la lotería. _tiene mucha suerte_

6. Hoy es su cumpleaños. _tiene 24 años_

7. No puedo hablar ahora porque _tenga prisa_

8. Siempre logra lo que se propone. _tiene éxito_

3-21 Rellena los espacios en blanco con la forma de **haber** en el tiempo que corresponda.

La semana pasada se celebró el Salón de la Tecnología. (*There were*) _Había_ [1]

más de mil expositores y en él se presentaron los últimos adelantos en tecnología. El día que fui

no (*there was*) _Había_ [2] mucha gente, lo cual me sorprendió, pues pensé que

(*there would be*) _Había_ [3] que hacer cola para entrar. En el Salón (*there were*)

Había [4] muchos aparatos electrónicos nuevos. Me enteré de que ya (*there is*)

hay [5] una aplicación para casi todo lo que uno pueda necesitar. (*There are*)

hay [6] aplicaciones para buscar restaurantes y gasolineras, para identificar y

descargar música al instante, y hasta para conjugar los verbos en español. Dicen que (*there will*

be) _habrá_ [7] otro Salón de la Tecnología el año que viene.

3-22 ¿Cómo se dice en español?

1. *It's very hot today.*

   Hace mucho calor hoy

2. *You are friends with Carlos, aren't you?*

   tú eres amigo de Carlos verdad

3. *Alicia and Ana are right: We should be careful with him.*

   Alicia y Ana tienen razón. Debemos tener cuidado con el

4. *I am not in the mood to go out today. It is raining and I have to study.*

no tergo ganas de salir hoy. llene y tengo que estudiar

5. *Marcos is 23 years old, isn't he?*

Marcos tiene 23 año dno?no7

6. *Why are you so tired today? Are you sick?*

¿Porque estas cansado hoy? Estes enfermo

7. *Valentina Tereshkova was the first female astronaut.*

era la primer mujer astronauta.

8. *Tomorrow's class will be in the lab at 3.*

mañara la clase sera en el labatorio alos 3

El gerundio o participio presente: formas

3-23 Completa cada oración con el verbo en **gerundio** que mejor complete su sentido.

comer   saber   vivir   ir   salir   hablar   preguntar   seguir

MODELO: <u>Empezando</u> ahora mismo, terminarás enseguida.

1. _____ de casa, me encontré a Paco en la calle.

2. _____ se entiende la gente.

3. _____, encontramos el restaurante que buscábamos.

4. _____ tan poco, no es extraño que estés tan delgado.

5. _____ que no les gustan las sorpresas, les avisamos que

llegábamos.

6. _____ tan cerca, ¿cómo es que casi nunca os veis?

7. _____ las instrucciones del técnico, conseguí arreglar la

computadora.

8. _____ tan despacio, no llegaremos nunca.

Usos del gerundio

3-24 ¿Cómo se dice en español?

1. *Knowing my husband, I know we will be late.*

   _____

2. *While being in Madrid, we decided to visit Toledo.*

   _____

3. *TEOIGO is launching its new calling plan next week.*

   _____

4. *"Bathing on the beach" is the name of a painting by Joaquín Sorolla.*

   _____

5. *He kept talking with Emilia although it was late.*

   _____

6. *They came back talking about the movie.*

   _____

7. *What she enjoys most is talking with her friends.*

   _____

8. *The man talking to the employees is the manager.*

   _____

9. *We didn't see her until the following day.*

   _____

10. *I saw them playing football.*

   _____

Tiempos progresivos

3-25 Hablando por teléfono con tu novia desde el club de estudiantes, ella te pregunta lo que hacen las demás personas en el club. Usa el **presente progresivo** para describirle lo que cada uno está haciendo.

> **MODELO:** Un chico <u>habla</u> en voz baja.
> Un chico <u>está hablando</u> en voz baja.

1. Sergio <u>actualiza</u> su perfil en Internet.

   _____

2. Una estudiante <u>consulta</u> su teléfono.

   _____

3. Unos estudiantes <u>leen</u> unas revistas.

   _____

4. Un profesor <u>charla</u> con sus estudiantes.

   _____

5. Matilde le <u>pide</u> un chicle a José Manuel.

   _____

6. Sebastián y Diego <u>estudian</u> juntos.

   _____

7. Carmen y Jacinto <u>se ríen</u>.

   _____

8. Jorge <u>oye</u> música en su *iPod*.

   _____

3-26 Rellena los espacios en blanco con la forma correcta del **pasado progresivo** de los verbos entre paréntesis.

Uno de los avances tecnológicos más importantes del siglo XX fue la conquista del espacio

y la llegada de un ser humano a la Luna. Este hecho ocurrió el 20 de julio de 1969. Mientras los astronautas Neil Armstrong y Buzz Aldrin (prepararse) _____[1]

para iniciar esta hazaña (*deed*), millones de personas los (ver) _____[2]

por televisión desde sus casas. Al mismo tiempo que los comentaristas de la televisión

(explicar) _____[3] el alunizaje (*moon landing*) a los televidentes, los téc-

nicos en Houston (intentar) _____[4] no perder la señal de video con la

Luna. Mientras Armstrong descendía la escalera, Aldrin (manejar) _____[5]

los controles de la nave espacial. Cuando por fin Armstrong puso el pie en la Luna, todos

nosotros en mi casa (comerse) _____[6] las uñas de lo nerviosos que

estábamos. Cuando miré a mi alrededor, vi que mi madre (llorar) _____[7]

de alegría y mi padre la (abrazar) _____[8]. Todos nosotros (desear)

_____[9] que los dos astronautas regresaran a la Tierra para recibirlos como

héroes.

3-27 ¿Cómo se dice?

1. *When I walked in he was lying down on the sofa.*

   _____

2. *Wait. I'm missing my wallet.*

   _____

3. *When I saw him he was sitting down on his favorite armchair.*

   _____

4. *She keeps calling me but I don't want to see her.*

   _____

5. *We're having a lot of problems these days.*

   _____

Usos del infinitivo

3-28 Completa las oraciones, traduciendo al español las frases que están en inglés.

1. *(Before deciding)* _____ por este modelo, debí haberme fijado en el precio.

2. Eso me pasa *(for being)* _____ tan distraída.

3. *(After graduating)* _____ en junio iré a la universidad.

4. Ellos se fueron *(without saying goodbye)* _____.

5. *(Upon arriving)* _____ a casa noté que no tenía las llaves.

6. Ellos insisten *(in taking me)* _____ a cenar a un restaurante caro.

7. Se prohíbe *(to cross)* _____ la calle en esta esquina.

8. *(Laughing)* _____ es muy saludable.

9. El letrero decía: *(No parking)* _____ entre las 8 y las 10 de la mañana.

10. Me encanta *(swimming)* _____ en el mar.

3-29 Completa las oraciones con **el infinitivo** o **el gerundio** de los verbos entre paréntesis, según la forma que sea necesaria.

1. (decir) Al _____ eso, se sorprendieron todos.

2. (querer) _____ es poder.

3. (viajar) _____ en avión hoy en día es una pesadilla.

4. (viajar) _____ se puede aprender mucho acerca de otras culturas.

5. (tocar) Antes de _____ el piano, canta una canción.

6. (pedir) No te vayas sin _____ permiso.

7. (molestar) ¡Caramba! Este niño sigue _____.

8. (caminar) _____ por aquí, no te mojarás.

9. (ser) _____ alumno tiene algunas ventajas.

10. (gritar) Entraron _____ de alegría.

11. (hablar) Las vi _____ con el profesor de sociología.

12. (entrar) Siempre los veo _____ por el garaje.

Repaso de acentuación

3-30 El siguiente párrafo tiene errores de acentuación. Subraya las palabras que tienen errores y haz las correcciones que sean necesarias.

La familia López ira a Chicago a la boda de su hija Marta. Yo habia pensado que los acompañaria pero me sera imposible porque tengo que trabajar y se que no me daran tiempo libre. Mi hermano y yo les enviarémos los regalos a los novios. Estoy segura de que les gustara mucho lo que les hémos comprado. Si yo no le hubiera dicho nada a mi hermano él les habria regalado una plancha o algun articulo para la casa. Pero, pensándolo bien, decidimos que seria mejor comprarles unas raquetas de tenis, ya que Marta y su novio son muy aficionados al tenis y de seguro seguiran jugando juntos después de casados.

Ortografía: que, qui, cue, cui

3-31 ¿Se escriben con **que** o **cue**? Si no estás seguro/a consulta un diccionario.

pe____ño	ar____ólogo	a____ducto
des____nto	a____llos	____ja
____so	fre____ncia	or____sta
ra____ta	delin____nte	enri____cer
____sta	co____ta	du____
____mar	va____ro	____stionario

3-32 ¿Se escriben con **qui** o **cui**? Si no estás seguro/a consulta un diccionario.

mos____ito	cir____to	chi____to
es____ar	des____dado	____nientos
e____po	____tar	cos____llas
ta____lla	____nto	ma____llaje
al____lar	____mioterapia	mante____lla
es____na	____nceañera	____dadoso

Cuaderno de actividades

Capítulo 4

Vocabulario

4-1 ¿Cuál no pertenece? Escoge la palabra de cada grupo que no está relacionada con las otras palabras.

1. tiempo   etapa   ciclo   periodo   itinerario

2. elogio   humillación   homenaje   aplauso   recomendación

3. separar   ayudar   reafirmar   apoyar   proteger

4. destruido   usado   consumido   gastado   abandonado

5. destacado   ocultado   superado   distinguido   subrayado

4-2 Rellena los espacios en blanco con la forma correcta de la palabra o expresión que mejor complete el sentido de las siguientes oraciones. Usa las palabras de la lista pero recuerda que no todas las palabras se necesitan y en algunos casos puede haber más de una respuesta válida.

homenaje	entregar	comprometido	oprimido	elogio	estirpe
destacarse	salvaje	matanza	herido	corear	apoyar

1. Ayer se celebró un _____ a las víctimas del terrorismo.

2. Durante la celebración, el alcalde recordó a las personas muertas en la

   _____ ocurrida el mes anterior.

3. Los presentes también recordaron a los _____ que estaban

   todavía en el hospital.

4. El alcalde dijo que este acto _____ no intimidaría a los

ciudadanos.

5. Las autoridades les _____ medallas a los que ayudaron a las

víctimas.

6. Después, varios artistas _____ con la no violencia actuaron en un

concierto contra el terrorismo.

7. Entre los artistas que participaron _____ León Gieco que cantó

varias de sus canciones pacifistas.

8. Durante el concierto, el público _____ sus canciones favoritas.

9. Al final, los participantes _____ una petición para acabar con el

terrorismo.

10. Los críticos dedicaron grandes _____ para los cantantes que

participaron en el recital.

4-3 Busca en la lista de vocabulario de la página 116 de tu libro de texto el **antónimo** de las siguientes palabras o expresiones:

1. término _____

2. nuevo _____

3. curar _____

4. civilizado _____

5. desaprobar _____

6. liberado _____

7. quitar _____

8. pasar inadvertido _____

El participio pasado: formas

4-4 Rellena los espacios en blanco con el **participio pasado** de los verbos entre paréntesis. Recuerda que en algunos casos los participios funcionan como adjetivos. En otros casos los participios requieren la tilde.

1. (comprometer) Los artistas _____ usan su arte para hacer

denuncia social.

2. (escribir) Esas canciones fueron _____ con la intención de

   concienciar a la gente.

3. (despertar) De hecho, sus canciones han _____ el interés del

   público por los temas que tratan.

4. (inaugurar) La nueva biblioteca fue _____ la semana pasada.

5. (construir) El edificio está _____ con dispositivos inteligentes

   para ahorrar agua y electricidad.

6. (prender) En la prensa publicaron que llevaron _____ al causante

   del accidente.

7. (confundir) El anuncio del gobierno ha _____ a la población.

8. (confundir) La situación actual es muy _____.

9. (satisfacer) Nadie se quedó completamente _____ con las

   explicaciones del presidente.

10. (descubrir) Dicen que han _____ un nuevo tratamiento para la

    calvicie (*baldness*).

11. (freír/revolver) No me gustan los huevos _____. Los prefiero

    _____.

12. (oír) Los comentarios _____ tras el debate eran muy positivos.

4-5 Cine con conciencia social. Cambia el verbo que está entre paréntesis a un **participio pasado** usado como adjetivo.

Ana 27, un cortometraje sobre la violencia de género (producir) _____ [1]

en España, recibió el premio (conceder) _____ [2] por el Festival de Cine

de Amnistía Internacional en 2010. Este cortometraje, (dirigir) _____ [3]

y (escribir) _____ [4] por la alicantina (*from Alicante*) Lidiana Rodríguez,

narra la historia de una mujer (maltratar) _____ [5] por su pareja que

decide escapar a pesar de que no tiene claras las consecuencias de su huida. Según la cineasta, su intención con *Ana 27* fue dar a conocer la vida de una joven (someter)

_____[6] al maltrato para "mostrar las terribles consecuencias de no pedir

ayuda a tiempo, y si es necesario, denunciar." Rodríguez cree en "el poder del cine con con-

ciencia social", en la necesidad de hacer una contribución a la comprensión de los derechos

humanos. (Conocer) _____[7] como productora independiente, sostiene que

"el cine es un medio directo de fácil acceso y muy bien (aceptar) _____[8]

por la sociedad".

4-6 Escribe la forma correcta del **sustantivo** derivado de los siguientes verbos.

1. (salir) No sé dónde está la _____.

2. (hacer) El _____ de que no nos avisara me molestó.

3. (decir) Uno de mis _____ favoritos es "Haz bien y no mires a

   quién".

4. (huir) La _____ de los atracadores fue espectacular.

5. (imprimir) ¿Dónde están los _____ para mandar un giro postal?

4-7 Expresa el resultado de estas acciones con el verbo **estar + participio pasado**.

> **MODELO:** Amalia pintó la cocina. La cocina está pintada.

1. Juan rompió un plato ayer. _____.

2. Ya traduje los artículos. _____.

3. Maite imprimió la carta. _____.

4. Guillermo puso la mesa. _____.

5. Ya hicimos todos los recados. _____.

6. Sus abuelos murieron hace muchos años. _____.

Tiempos perfectos del modo indicativo

4-8 Rellena los espacios con la forma correcta del **presente perfecto de indicativo** de los
verbos entre paréntesis.

A lo largo de la historia muchos artistas (manifestar) _____[1] su oposición

al statu quo y (usar) _____[2] su arte como medio de protesta y reivindi-

cación. Entre ellos se encuentran pintores como Picasso y Guayasamín y cantantes como

Serrat o León Gieco. Estos cantantes (participar) _____[3] en multitud

de conciertos donde (expresar) _____[4] su apoyo a los oprimidos y a los

más desfavorecidos socialmente. Además de Guayasamín y Picasso, otros muchos pintores

(expresar) _____[5] los horrores de la guerra en su pintura. En el caso de

Guayasamín, el gobierno de Ecuador (reconocer) _____[6] la valía *(worth)*

de su obra y (apoyar) _____[7] la difusión de su legado *(legacy)*.

4-9 Completa estas frases de una manera original usando el **pluscuamperfecto de indicativo**.

> **MODELO:** Antes de desayunarme ya <u>me había duchado</u>.

1. Cuando salí de casa esta mañana, ya _____.

2. Antes de las tres de la tarde, ya _____.

3. Al llegar a casa por la tarde, ya _____.

4. Cuando me senté a ver la televisión, ya _____.

5. Para cuando me acosté, ya _____.

4-10 ¿Qué cosas habrás hecho o todavía no habrás hecho dentro de 5 años? Escribe cinco oraciones usando el **futuro perfecto de indicativo**.

> **MODELO:** En cinco años ya me <u>habré graduado</u>.

1. _____

2. _____

3. _____

4. _____

5. _____

4-11 Rellena los espacios con la forma correcta del **condicional perfecto de indicativo** para indicar que las siguientes acciones no se realizaron.

1. (nosotros-ir) _____ a la fiesta, pero teníamos el auto en el taller.

2. (yo-ayudar) Te _____, pero no sabía lo que necesitabas.

3. (él-traer) Si le hubieras dicho que tenías tu *iPad* no _____ su computadora portátil.

4. (perderse) Si hubieran seguido las instrucciones que les di, no

   _____.

5. (yo-invitar) Los _____ a comer, pero no tengo dinero.

4-12 Usa el **futuro perfecto** o el **condicional perfecto** según se requiera en cada frase.

1. Pensé que Mariano (envolver) _____ el regalo, pero se ve que no tuvo tiempo.

2. Si te lo hubieran pedido, ¿los (tú-ir) _____ a buscar al aeropuerto?

3. ¿Qué le (pasar) _____ a Manuel? No ha llegado todavía.

4. Para el viernes de la semana que viene ya (nosotros-acabar)

   _____ el semestre.

5. Vi a los vecinos recoger las mesas y las sillas del jardín. (ellos-Terminar)

   _____ ya la fiesta que tuvieron.

4-13 Escoge la forma de **haber** que se necesite según el contexto de cada oración.

1. Eran las 4 de la tarde y todavía no (ha/había) llegado el correo.

2. ¿(Has/habrás) participado alguna vez en una manifestación política?

3. No sabía que él (habrá/había) vivido en Colombia.

4. Cuando salí, ellos todavía no (habían/hubieron) llegado.

5. Creo que para las cinco ya (habré/he) terminado.

6. Lo (habría/había) esperado un poco más, pero ya era muy tarde y me fui.

7. ¿Quién (hubo/habrá) puesto la televisión?

8. Como no me llamaste, pensé que te (has/habías) enfadado conmigo.

9. Apenas (hubo/ha) empezado la cena, se fue la luz.

10. Nunca (he/habré) visto una puesta de sol tan bella.

4-14 ¿Cómo se dice en español?

1. *I would have sent them an invitation, but I didn't have their e-mail address.*

   _____

2. *Those singers have recorded an album together.*

   _____

3. *You must have heard it already, right?*

   _____

4. *Before publishing* El amor en los tiempos del cólera, *García Márquez had already written other novels, like* Cien años de soledad.

   _____

5. *I wonder if they have already seen that movie.*

   _____

6. *No sooner had the conference finished, the colloquium started.*

   _____

7. *It's already 5 o'clock. She must have finished by now.*

   _____

8. *Everybody wondered if Marcos had heard the news.*

   _____

9. *When I called her, she didn't answer. She had probably left her phone in the car.*

   _____

10. *When we arrived, the concert had not started yet.*

   _____

Construcciones pasivas

4-15 Cambia las siguientes oraciones a la **voz pasiva**. Asegúrate de que el tiempo verbal de las oraciones pasivas es el mismo que en las oraciones activas.

> **MODELO:** El público <u>animó</u> a los jugadores.
> <u>Los jugadores fueron animados por el público.</u>

1. Un grupo de niños <u>coreó</u> varias canciones en el concierto.

   _____ fueron coreados _____

2. Mucha gente <u>comparte</u> sus apreciaciones sobre la situación actual.

   _____ son compartidas _____

3. Los vecinos no <u>habían visto</u> al alcalde desde hacía varios días.

   _____ habían sido vistos _____

4. Su iglesia siempre <u>donaba</u> cientos de juguetes cada Navidad para los niños necesitados.

   _____ eran donados _____

   _____

5. El público <u>ha recibido</u> su nueva novela con entusiasmo.

   _____ ha sido recibido _____

   _____

6. <u>Trasladaron</u> a los pasajeros en autobús a causa de la huelga de pilotos.

   _____ fueron _____

4-16 Cambia las siguientes oraciones pasivas a la forma **se + verbo** para expresar las mismas ideas. Haz los cambios necesarios y asegúrate de que el tiempo verbal de las oraciones con **se** es el mismo que en las oraciones pasivas.

> **MODELO:** El poema ganador <u>será publicado</u> en el periódico de la universidad.
>
> <u>El poema ganador se publicará en el periódico de la universidad.</u>

1. El premio universitario de poesía comprometida <u>fue anunciado</u> la semana pasada.

   _____ Se anunció _____

   _____

2. Cinco poemas <u>fueron seleccionados</u> para el premio.

   _____ Se seleccionaron _____

   _____

3. Los poemas <u>son analizados</u> en cuanto a técnica, valor poético y mensaje.

_____ – Se analizaron _____

4. Los premios <u>serán anunciados</u> mañana.

_____ Se anunciarun _____

5. En el pasado solo los poemas originales <u>han sido premiados</u>.

_____ Se han premiado _____

4-17 Rellena los espacios en blanco con el pretérito de **ser** o el imperfecto de **estar** según corresponda.

1. Cuando llegamos a casa todos nosotros ___estábamos___ exhaustos.

2. (nosotros) ___fuimos___ recibidos por el director.

3. La avería (*break-down*) ___fue___ inmediatamente descubierta por los técnicos.

4. Todo ___estaba___ listo cuando llegamos.

5. El presidente ___fue___ increpado (*rebuked*) por los manifestantes.

6. Los estudiantes ___estaban___ callados durante el examen.

7. Todos ___estaban___ sentados a la mesa cuando llegué.

8. El equipaje ___estaba fue___ inspeccionado por el agente de seguridad del aeropuerto.

Hace + tiempo + que

4-18 Completa las siguientes oraciones con el tiempo correcto del verbo **hacer** según el contexto de la oración.

1. Mañana ___Hará___ tres años que nos mudamos a esta ciudad.

2. No veo a mis abuelos desde ___Hace___ seis meses.

3. ¿Cuánto tiempo ___Hacía___ que no hablabas con tu consejero?

4. Me encontré a Susana en el centro comercial. ___Hace___ mucho tiempo que no nos veíamos.

5. Los jóvenes volvieron del cine _____hace_____ un par de horas.

6. ¡Qué barbaridad! Estás estudiando la misma cosa desde _____hace_____

   dos horas.

7. Van a celebrar su primer aniversario. El domingo próximo _____hará_____

   un año que se casaron.

8. Yo ya había escuchado las canciones de Mercedes Sosa _____hacía_____

   muchos años.

9. Es verdad. Alejandro trabajó en esa empresa _____hace_____ dos años.

10. Ayer _____hace Hizo_____ una semana que me dieron la noticia.

4-19 ¿Cómo se dice? Usa una expresión de *hace* + **tiempo** + *que* en la traducción de las siguientes oraciones.

1. *We had not been to a concert in over two years.*

   No habíamos ido a un concierto desde hacía ^más de^ 2 años.

2. *I have been living in the same apartment for 10 years.*

   Hace 10 años que vivo en el mismo apartamento.

3. *I first saw the Guernica in Madrid over 20 years ago.*

   Mi vi ~~la primera~~ ^el^ Guernica en Madrid ~~desde hacía más~~ ^por la primera vez^ ^hace~~de~~ 20 años

4. *How long has Rubén been playing with his Wii?*

   Cuando tiempo hace que Rubén juega con ~~su~~ ^la^ wii

5. *We saw that film two weeks ago.*

   Hace 2 semana que vimos esa película

Gustar y otros verbos similares

4-20 Completa las oraciones con la forma correcta del verbo entre paréntesis y el pronombre adecuado. Usa el **pretérito** o el **imperfecto** según el sentido de la oración.

> **MODELO:** (alegrar) Cuando me sentía un poco deprimida <u>me alegraba</u> oír la música de mariachis.

1. (encantar) Anoche fuimos al cine y la película que vimos _nos encantó_____ por su mensaje social.

2. (doler) No pude jugar el partido de fútbol ayer porque _me dolía_____ mucho el tobillo.

3. (quedar) A Ruth ___le quedaban___ solamente $20 después de que hizo las compras de la semana.

4. (faltar) ¿Cuántos cursos ___le faltan____ a Roberto para poder conseguir el certificado?

5. (sorprender) Al Gobierno ___le sorprendieron___ las reacciones de la oposición tras el debate de ayer.

6. (enojar) Al padre de Joselito ___le enojaba___ ver que su hijo no estudiaba como debía.

7. (parecer) En mi opinión ese programa fue muy divertido. ¿Y a ti? ¿Qué ___te pareció___ ese programa de televisión?

8. (tocar) Ustedes ya habían jugado con la Wii por un buen rato por eso les dijimos que _nos tocamos___ a nosotros.

9. (encantar) Recuerdo que cuando éramos niños a mi familia _le encantaba____ ir a los parques nacionales.

10. (quedar) Estuve varias semanas en México. De repente me di cuenta de que solo _me quedaba_____ unos días y todavía no había visitado el Museo de Antropología.

4-21 Escoge la respuesta que mejor complete la oración.

1. Después de tanto bailar, la chica tuvo que sentarse porque _____ mucho los pies.

   a. les dolía   b. le dolían   c. le dolía

2. Son unas personas muy generosas y _____ mucho el bienestar de los demás.

   a. le importan   b. le importa   c. les importa

3. A mis vecinos _____ el ruido que hacen los niños.

    a. le molestan   **b.** les molestan   (**c.**) les molesta

4. Dicen que comer demasiados dulces _____ mal a la dentadura.

    (**a.**) le hace   (**b.**) les hace   **c.** les hacen

5. Me gusta todo tipo de comida. _____ que vayamos a un restaurante italiano o a uno

    mexicano.

    (**a.**) Me dan igual   **b.** Me da iguales   (**c.**) Me da igual

4-22 El partido de baloncesto. Completa el siguiente párrafo con el tiempo correcto (**presente, pretérito** o **imperfecto**) de los verbos entre paréntesis y el pronombre correspondiente.

Marina y Carlos fueron ayer a un partido de los *Lakers*. A Marina (doler)

___*le dolía*___[1] un poco la cabeza pero decidió ir porque (parecer)

___*le parecía*___[2] que no se podía perder la final del campeonato. Carlos

también invitó a su amigo Antonio a que viniera con ellos al partido. A Marina

(encantar) ___*le encanta*___[3] conocer gente nueva y Antonio (caer bien)

___*le cayó bien*___[4] a Marina. Todo iba estupendamente hasta que llegaron al *Staples*

Center. En ese momento Carlos, que llevaba las entradas, se dio cuenta de que (faltar)

___*le faltaba*___[5] una. La buscó por todas partes de la cartera, pero no la pudo

encontrar. No sabían qué hacer pues (hacer falta) ___*les hacía falta*___[6] una entrada

más. Un señor que estaba en la cola con ellos se dio cuenta de su situación y les ofreció una

entrada que (sobrar) ___*le sobraba*___[7]. Otra persona de la cola quería esa entrada

también, pero los chicos (caer bien) ___*los cayeron bien*___[8] (al señor) y decidió dársela

a ellos. Los tres se lo agradecieron mucho. Después de comprar unas hamburguesas, los

chicos decidieron darle al señor el dinero que (quedar) ___*les quedaba*___[9] (a ellos),

pero el buen hombre les dijo que usaran el dinero para comprar refrescos. Marina dijo

"Verdaderamente, con este señor a nosotros hoy (tocar) ___*nos tocó*___[10]

la lotería".

4-23 ¿Cómo se dice en español?

1. *It's obvious we bought too much. We had a lot of extra food.*

    Es obvios que compramos demosiado. Nos sobró mucha Comida

2. *My stomach always hurts when I eat yogurt. It doesn't agree with me.*

    Mi estómago siempre me duele cuando comó yogur. No me cae bien.

3. *She couldn't buy the computer because she lacked around $100.*

    Ella no pudo comprar la computadora porque les faltan unos $100

4. *I'm fixing a couple of sandwiches. Would you like one?*

    Estoy preparando unos sándwiches ¿Gustas uno?

5. *Did you hurt yourself when you fell down?*

    ¿te hiciste daño cuando te caíste?

6. *I'm sure he doesn't like me. He loves to make fun of me.*

    estoy seguro que no le gusto le encanta burlarse de mí.

Repaso de acentuación

4-24 El siguiente párrafo tiene errores de acentuación. Subraya las palabras que tienen errores y haz las correcciones que sean necesarias.

Cuándo recibimos el diario, lo primero que hacemos es pasar a la pagina de las tiras cómicas o a los chistes politicos que ultimamente están incluidos en la sección editorial. ¿Los has leido tú? He oido que van a cambiar algunas secciones del periódico. Creo que es una pena, pues las distintas secciones están muy bien distribuidas. El año pasado habian excluído algunas partes porque creian que no le interesaban al público, pero tuvieron que integrárlas de nuevo. ¿Has oido tú algo al respecto?

Ortografía: h

4-25 Escoge la palabra correcta.

1. Cuando no puedo leer el periódico detenidamente, por lo menos le (echo/hecho) una (hojeada/ojeada).

2. Estábamos nadando en el mar cuando de pronto se nos vino encima una (hola/ola) gigantesca.

3. (Hay/Ay) que limpiar la herida muy bien con alcohol; la cortadura es bastante (onda/honda).

4. ¿Dónde estabas? ¡Te (he/eh/e) esperado por más de una (ora/hora)!

5. Me gusta mucho tu peinado, especialmente esa (honda/onda) al lado.

6. La construcción llevó mucho tiempo, pero la casa quedó muy bien (echa/hecha).

7. Van (ha, a) recaudar fondos para la construcción de una biblioteca.

8. Marta (e, he) Iris compusieron una canción que fue grabada recientemente.

9. Ambas estuvieron en mi casa (asta/hasta) las diez de la noche.

10. Si yo hubiera sabido que iban (a/ha) lugares turísticos les (habría/abría) pedido un recuerdo (*souvenir*).

4-26 ¿Se escriben con **h** las siguientes palabras? Escríbela donde sea necesario. Si no estás seguro, busca las palabras en un diccionario.

___ormiga	___istérico	ex___ibir	___uésped
___ayudar	co___erencia	___iban	___ambre
___iperbólico	___abitual	alco___ol	to___alla
___alucinación	ex___austo	___orno	___oler
___uesos	almo___ada	___arina	___orizontal
___ermosa	in___abilidad	zana___oria	___abitante
des___infectar	___uelen	___orfanato	___obligación

___ipótesis   a___orrar   des___ielo   ___ogar

___elado   re___unir   ___uelga   ___acha

des___onra   ___abitación   ___inchado   a___ijado

aza___ar   ___oja   co___ete   ___ojalata

Capítulo **5**

Vocabulario

5-1 **¿Cuál no pertenece?** Escoge la palabra de cada grupo que no está relacionada con las otras palabras.

1. diversificar   dedicar   felicitar   ofrecer   brindar

2. intención   meta   fin   alcance   introducción

3. conocimiento   enseñanza   sabiduría   oscuridad   talento

4. ensanchar   disminuir   crecer   ampliar   multiplicar

5. impulsar   inspirar   cancelar   crear   promover

5-2 Rellena los espacios en blanco con la forma correcta de la palabra o expresión que mejor complete el sentido de las siguientes oraciones. Usa las palabras de la lista pero recuerda que no todas las palabras se necesitan y en algunos casos puede haber más de una respuesta válida.

desarrollo	ensanchar	promover	venidero	agotamiento	por doquier
salvaguardar	arriesgarse	amenazado	deparar	reto	meta

1. La _____ de la Carta de la Tierra es clara: Concienciar a la

población sobre los peligros con los que se enfrenta la Naturaleza.

2. Muchas organizaciones hoy en día _____ la conservación de la

naturaleza.

3. El _____ de los recursos naturales es un problema global.

4. Debemos _____ el planeta para las generaciones futuras.

5. Nadie sabe con seguridad lo que el futuro nos _____.

6. Muchas especies _____ están protegidas por la ley.

7. Muchos piensan que la distancia entre ricos y pobres se ha _____ en los últimos 30 años. Otros piensan lo contrario.

8. En los años _____ se verá si la población es capaz de detener el calentamiento global.

9. El _____ descontrolado ha sido el causante de muchos de los problemas ecológicos de hoy en día.

10. El _____ de nuestra generación es entender los problemas del planeta y tratar de encontrar formas de desarrollo sostenible.

5-3 Busca en la lista del vocabulario de la página 143 de tu libro de texto el **antónimo** de las siguientes palabras o expresiones:

1. desproteger _____   5. abundancia _____

2. asegurarse _____   6. retirar _____

3. reducción _____   7. pasado _____

4. acuerdo _____   8. reducir _____

Preposiciones

5-4 Marca con una X las oraciones que contienen una **preposición**.

1. _____ Josefa está en Lima.

2. _____ Quiere que lo invitemos a comer.

3. _____ Están buscando una casa más grande.

4. _____ Al empezar la reunión nos pidieron que nos presentáramos.

5. _____ El juez los puso bajo arresto domiciliario.

6. _____ ¿Los viste una sola vez?

5-5 Completa las siguientes oraciones con la preposición **a** cuando sea necesario. Cuando no se necesite una preposición, usa el símbolo **Ø**.

1. No tengo ___ coche por eso voy en bicicleta ___ todas partes.

2. ¿ ___ ti te preocupan los problemas de la Naturaleza?

3. Escuchamos ____ las noticias en la radio del coche.

4. Pedro nunca llega ____ clase ____ tiempo.

5. Tienen ____ varios hijos.

6. Tienen ____ un hijo enfermo hoy.

7. Llamé ____ mi madre, pero había salido.

8. Mientras se fue la luz, estuvimos ____ oscuras.

9. Estaba ____ un paso de tu casa, por eso decidí venir a verte.

10. Esperaba ____ encontrarla en el gimnasio, pero no la vi.

5-6 Rellena los espacios con las preposiciones **a**, **de**, **en**, **desde**, **con** según corresponda para completar el sentido de este texto.

Cuando mis hermanos y yo éramos pequeños, mis padres nos llevaban _____[1] pasar las

vacaciones _____[2] verano _____[3] un pueblo _____[4] el norte de España que

se llamaba Tapia de Casariego. El viaje _____[5] la ciudad donde vivíamos _____[6]

Tapia duraba una hora y media. _____[7] el camino siempre parábamos _____[8]

desayunar _____[9] un café al lado _____[10] la carretera. Cuando estábamos

_____[11] punto _____[12] llegar _____[13] Tapia, mis hermanos y yo siempre

teníamos una competición. El primero que viera la torre _____[14] la iglesia _____[15]

lo lejos _____[16] la imagen gigante _____[17] Cristo encima, tenía que decir:

"Primero _____[18] ver el Santo de Tapia". Era como el anuncio _____[19] que las

vacaciones habían empezado.

5-7 **¿Cómo se dice en español?**

1. *Can you bring me a cup of coffee, please?*

2. *The girl was dressed in white.*

_____

3. *Rosalía was looking for Ernesto in the cafeteria.*

_____

4. *She asked her parents for money to go study abroad.*

_____

5. *Whom did you invite to dinner?*

_____

6. *The instructions say that that blouse can be washed by hand.*

_____

5-8 Rellena los espacios con las proposiciones **a**, **de**, **en**, según corresponda.

1. _____ aquella situación aprendí _____ no fiarme _____ extraños.

2. Estábamos _____ pie justo detrás _____ él.

3. _____ cuanto llegue _____ Caracas, lo invitaré _____ cenar con nosotros.

4. _____ aquellos tiempos nunca se hablaba _____ público _____ esos temas.

5. El kilo _____ manzanas está _____ 2€.

6. Hoy llevé _____ mi marido _____ la oficina _____ mi auto pues el suyo está _____ el taller.

7. Lo llevé _____ regañadientes, pues él podía haber ido _____ el metro o incluso _____ pie.

8. Aún hoy, después _____ tantos años, puedo repetir _____ memoria las historias que me contaba mi abuelo.

5-9 **Tu cuarto**. Usando las preposiciones de la lista, escribe un párrafo describiendo dónde están los muebles y otros objetos en tu cuarto.

detrás de	dentro de	al lado de
junto a	debajo de	enfrente de
encima de	sobre	entre
cerca de	delante de	a la derecha/izquierda de

MODELO: La mesita de noche está al lado de la cama.

_____

_____

_____

_____

_____

Usos de *por* y *para*

5-10 Sustituye las palabras subrayadas por la preposición **por** o **para**.

MODELO: Estamos <u>a punto de</u> servir la comida. <u>Estamos para servir la comida.</u>

1. Los aviones no salieron <u>a causa de</u> la niebla. _____ *por*

2. Todo lo que poseo será <u>destinado a</u> ti. _____ *para*

3. Nos quedamos en Chile <u>durante</u> tres semanas. _____ *por*

4. El gato saltó <u>a través de</u> la ventana. _____ *por*

5. Estudio <u>con el fin de</u> aprender. _____ *para*

6. Me resfrié <u>a causa de</u> no llevar abrigo. _____ *por*

7. Voy a la panadería <u>en busca de</u> pan. _____ *por*

8. Voy a la peluquería <u>con el fin de</u> cortarme el pelo. _____ *por para*

5-11 Usando **por** o **para** y las palabras entre paréntesis contesta las preguntas según el modelo.

MODELO: ¿Qué estudias? (médica)
　　　　　　 <u>Estudio para médica.</u>

1. ¿Cuándo debe estar listo el proyecto? (mañana)

　　 <u>debe estar listo para la mañana</u>

2. ¿Por cuánto te vendió el carro? (muy poco dinero)

me lo vendió por muy poco dinero

3. ¿Cómo fue que no asististe a la reunión? (no tener tiempo)

no asistí por no tener tiempo

4. ¿A qué fuiste al supermercado? (comprar algo para la cena)

fui para comprar algo para la cena

5. ¿Adónde iban Margarita y Alicia cuando las viste? (universidad)

iban para la universidad

6. ¿Qué piensas estudiar? (trabajador social)

Pienso estudiar para trabajador social

5-12 Combina las dos oraciones en una usando **por** o **para** según la sugerencia entre paréntesis.

100%

MODELO: Todas las mañanas corro. La playa. (a través)

Todas las mañanas corro por la playa.

1. Fue a Perú. Visitar Machu Picchu. (finalidad)

fue a Perú para visitar machu Picchu

2. Me mandó un mensaje. *Facebook*. (medio)

Me mandó un mensaje por facebook

3. Esa candidata salió elegida. Sus ideas ecologistas. (razón)

por

4. El mercado no estaba abierto. Ser Navidad. (razón)

por

5. Voy en bici a clase. Hacer ejercicio y ahorrar gasolina. (finalidad)

para

6. Hay mucha gente por la calle. Ser las 11 de la noche. (comparación)

para

7. Dicen que un árbol se salva. Cada periódico que reciclas. (intercambio)

por

_____

8. Debido al cambio climático, muchas especies pueden extinguirse. Final del siglo.

para

(plazo determinado)

_____

5-13 Completa las oraciones con la preposición **por** o **para**.

1. ___*para*___ mí, Juan no sabe cocinar.

2. ___*por*___ lo visto, hubo un accidente en la autopista.

3. ___*por*___ mucho que me lo pidas, no te dejaré ir solo.

4. Después de cenar, salimos a pasear un rato ___*por*___ el barrio.

5. Salimos después de cenar ___*para*___ pasear un rato.

6. La novela *Terra nostra* fue escrita ___*por*___ Carlos Fuentes.

7. Vamos a ir ___*por*___ la autopista ___*para*___ llegar más rápido.

8. Aunque el tren estaba ___*para (por)*___ salir, ellos siguieron despidiéndose en el andén.

9. Te llamo mañana ___*por*___ la mañana ___*para*___ saber cómo te encuentras.

10. ___*para*___ junio ya habremos terminado el semestre, ¿no?

11. Había gente ___*por*___ todas partes.

12. Ayer estuve enfermo, así que Julia trabajó ___*por*___ mí.

13. Cuando era joven, trabajé ___*para*___ mi tío como asistente.

14. Eduardo salió temprano ___*para*___ evitar el tráfico en la autopista.

15. Tu coche consume mucho ___*por* / *para*___ ser un coche híbrido, ¿no?

16. Voté ___*para* / *por*___ el candidato demócrata.

17. Se me secaron las plantas ___*por*___ no regarlas cuando estuve de vacaciones.

18. ¡Qué susto! ___*por*___ poco me caigo.

19. ¡Uy! Todavía nos queda mucho ___*para* / *por*___ hacer.

20. _para_ hacer bien el proyecto hay que dedicarle _por_ lo menos una semana más.

5-14 ¿Cómo se dice en español? Usa **por** o **para** en la traducción de las siguientes oraciones.

1. *They traveled through all South America.*

   Viajaron por toda Sudamérica.

2. *They walked in silently in order not to wake up the baby.*

   Entraron sin ruido (hacer) para no despiertar el bebé

3. *We had to wait for at least an hour.*

   Necesitamos esperar por una hora. (lo menos)

4. *No matter how much he asked for help, nobody helped him.*

   Por mucho que pidió ayuda, nadie le ayudó

5. *I didn't understand her. She said that she would call later or something like that.*

   no la entendí. Dijo que llamaría más tarde o algo por así)

6. *Mom said that the chicken was for tomorrow's dinner.*

   Mamá dijo que el pollo es para mañana cena. (la cena de mañana.)

5-15 Minilectura. Escoge la preposición entre paréntesis que mejor complete el sentido de la oración.

(En/Ø)[1] muchas zonas turísticas se han puesto (de/por)[2] moda los viajes en helicóptero para poder admirar (de/desde)[3] el aire las bellezas naturales del lugar. Así, hace unos años empezó (a/Ø)[4] haber vuelos en helicóptero desde Cuzco a Machu Picchu en Perú (por/para)[5] el transporte (a/de)[6] turistas a las ruinas (a/de)[7] la ciudadela inca. Sin embargo, los habitantes y biólogos de la zona empezaron (a/Ø)[8] ver cómo el ruido de los helicópteros asustaba y dañaba (al/Ø)[9] el hábitat de varios animales que han vivido (en/Ø)[10] la zona durante milenios, como es el caso del gallito de las rocas, el oso de anteojos y, (por/para)[11] supuesto, las vicuñas, guanacos y llamas. (Por/Para)[12] esta razón, el gobierno regional de Cuzco decidió (a/Ø)[13] prohibir los vuelos turísticos en helicóptero (por/para)[14] visitar Machu Picchu (por/para)[15] así salvaguardar la fauna y la tranquilidad del lugar. Ocasionalmente, el gobierno peruano sigue usando helicópteros (en/Ø)[16] tareas de salvamento, como ocurrió recientemente cuando miles de turistas quedaron aislados en la pequeña estación de Aguascalientes, cercana a las ruinas, (por/para)[17] el desbordamiento (*overflowing*) del río Urubamba. (A/Ø)[18] pesar de la prohibición de helicópteros, los turistas pueden seguir llegando (en/a)[19] Machu Picchu (por/para)[20] tren (desde/de)[21] la ciudad de Cuzco.

Verbos que se usan con la preposición *a* seguida de un infinitivo y los que se usan sin ella

5-16 Completa las oraciones con la preposición **a** si es necesario. Usa el símbolo **Ø** si no se necesita la preposición.

1. Después de que aprendí _____ nadar, me dediqué _____ enseñar a mi hermana. Le aconsejé _____ no nadar en la parte honda de la piscina hasta tener más experiencia.

2. Detesto _____ planchar. Prefiero _____ llevar la ropa a la tintorería.

3. Nuestra organización quiere _____ participar en las actividades del Día del Agua. Estoy segura de que todos se pondrán _____ trabajar para que la celebración sea un éxito.

4. Pensamos _____ ayudar a otras organizaciones _____ establecer programas de reciclaje con motivo del Día de la Tierra.

5. En el zoológico vi a unos chicos que se echaron _____ correr cuando vieron el letrero que decía: "Se prohíbe _____ dar de comer a los animales."

6. René y Ana prefirieron _____ ir al mercado en bicicleta. De camino, se van _____ parar _____ hacer unas gestiones en el banco.

7. No he podido acostumbrarme _____ usar un *iPad*; pero me da igual pues me niego _____ gastar más dinero en computadoras.

8. Unos chicos brasileños decidieron _____ alquilar el apartamento de al lado; vendrán _____ firmar el contrato el martes.

9. Aspiraba _____ hacerse médico, pero se vio obligado _____ dejar la carrera después de dos años.

10. Hace tan mal tiempo que no nos atrevemos _____ salir. Debemos _____ resignarnos _____ quedarnos en casa esta noche.

Verbos que van seguidos de preposición

5-17 Completa las oraciones con las preposiciones **de**, **en** o **con**.

1. Esta jarra es para sangría, pero es tan bonita que ahora sirve _____ florero.

2. Ayer me enteré _____ tu operación. Espero que te sientas mejor.

3. Francisco insistió _____ tomar el autobús.

4. Se queja _____ que en esta ciudad hay mucho tráfico.

5. Al salir del cine nos encontramos _____ Vicente y Rosalía.

6. Juan es muy irresponsable y nunca se puede contar _____ él.

7. Pero puede cambiar, si creemos _____ los milagros.

8. ¿ _____ qué quedamos? ¿Me llamas tú o te llamo yo?

9. Leonardo sueña _____ ser arquitecto algún día.

10. ¿Te fijaste _____ el traje tan esotérico de Lady Gaga?

11. Andaba perdido, pero al fin pude dar _____ la librería.

12. Mi abuela siempre me decía: "Siempre piensa primero _____ los demás".

13. A propósito, ¿qué piensas _____ tu nueva compañera de cuarto?

14. Maribel se enamoró _____ un chico que estaba en su clase de filosofía.

15. Los dos dejaron _____ fumar después de oír las advertencias del médico.

16. La actitud de los padres influye mucho _____ sus hijos.

17. A pesar de estar enferma, Julia se empeñó _____ salir a caminar.

18. Susana se encargó _____ llamar a todos los miembros del club.

19. De una vez por todas, acabemos _____ esta discusión.

20. Es una persona de mucha integridad. Puedes confiar _____ ella.

5-18 ¿Cómo se dice en español?

1. *I want to apologize for arriving late.*

   _____

2. *My little brother bumped into the door and hurt himself.*

   _____

3. *Why did you delay so much in calling me?*

   _____

4. *Although I prefer to go dancing, he is bent on going to the movies.*

   _____

5. *Did you decide on which model to buy?*

   _____

6. *Don't worry about me. I can take care of myself.*

   _____

Conjunciones

5-19 Rellena los espacios en blanco con la **conjunción coordinante** que se necesite según el contexto de la oración.

   y/e   o/u   pero/mas   ni… ni

1. Es un auto muy elegante _____ consume demasiado.

2. Me acordé de Rafael _____ inmediatamente decidí comunicarme con él.

3. Este verano no pensamos ir _____ a Madrid _____ a Barcelona.

4. Me di prisa _____ afortunadamente pude terminar todo en una hora.

5. En mi opinión el mejor mes para hacer turismo es septiembre _____ octubre.

5-20 Escribe oraciones originales continuando la idea sugerida por las conjunciones subordinantes.

1. No me sorprendió su respuesta puesto que...

   _____

2. Tan pronto como llegó a clase...

   _____

3. Ya estamos todos presentes, por consiguiente...

   _____

4. Supo de qué estábamos hablando porque...

   _____

5. Se lo voy a explicar aunque...

   _____

Usos de *pero, sino y sino que*

5-21 Completa las oraciones con **pero**, **sino** o **sino que**.

1. No pongo las sobras en la trituradora (*garbage disposal*) _____ las uso para

   nutrir las plantas.

2. Quise mostrarle las fotografías, _____ no parecían interesarle.

3. No quieren jugar a las cartas, _____ al dominó.

4. Cuando viaja no va a los museos, _____ se pasa el tiempo conociendo a la gente.

5. No voy a comprar fresas _____ manzanas.

6. Puse la televisión _____ me quedé dormida al poco rato.

Nombre _____ Fecha _____ Clase _____

5-22 ¿Cómo se dice en español? Usa **pero**, **sino**, o **sino que** para traducir *but*.

1. *He is neither a Democrat nor a Republican, but an Independent.*

   _____

2. *I wanted to go away for the week-end but I decided to work.*

   _____

3. *She likes classical and popular music, but only goes to rock concerts.*

   _____

4. *I neither sing nor play an instrument, but I appreciate all kinds of music.*

   _____

5. *She didn't call me, but rather she sent me an e-mail.*

   _____

Repaso de acentuación

5-23 Escribe la tilde en las palabras que la necesiten.

psicologo	unicamente	region	estacionaron
Japon	proximo	ruido	tambien
recuerdos	perdon	leyo	americano
ademas	carcel	homogeneo	jovenes
interpretacion	cooperan	animar	portatil

Ortografía: g, j

5-24 ¿Se escriben con **g** o **j**? Si tienes dudas, busca las palabras en el diccionario.

exi____ir	pasa____ero	a____encia	diri____ir
espe____o	tradu____eron	gara____e	mensa____es
reco____ieron	privile____iado	reli____ioso	____enerales
come____én	re____ional	agu____ero	via____ero

ecolo____ía   cole____iales   ori____en   ____eólogo

ciru____ía   ur____encia   su____eto   esco____ido

aprendiza____e   trá____ico   ____enial   eno____ado

mane____ar   ima____inario   e____ecutivo   corri____ieron

cora____e   sexa____enario   lina____e   relo____ería

5-25 ¿Se escriben con **g** o **j**? Repasa el **pretérito** y el **gerundio** de los verbos terminados en -**ger**, -**gir**, -**cir**.

di____iste   produ____eron   diri____ió

esco____iendo   prote____iendo   redu____eron

condu____e   fin____iendo   reco____í

exi____iendo   exi____o   tradu____iste

Capítulo **6**

Vocabulario

6-1 **¿Cuál no pertenece?** Escoge la palabra de cada grupo que no está relacionada con las otras palabras.

1. borrar   olvidar   deshacer   desaparecer   asumir

2. dominio   recelo   duda   aprensión   sospecha

3. matiz   tono   color   resumen   escala

4. cumplir   omitir   hacer   realizar   desempeñar

5. voluntad   anhelo   indiferencia   esperanza   deseo

6-2 Rellena los espacios en blanco con la forma correcta de la palabra o expresión que mejor complete el sentido de las siguientes oraciones. Usa las palabras de la lista pero recuerda que no todas las palabras se necesitan y en algunos casos puede haber más de una respuesta válida.

anhelo   radicar   ligado   matiz   pujante   alambre
recopilar   flujo   compás   brincar   vivencia   recelo

1. Después de salir de Puerto Rico, la familia de Luis se _____ en

   Nueva York.

2. Las _____ de los inmigrantes en el país de acogida son similares:

   el desconocimiento del idioma, la búsqueda de trabajo y la nostalgia de sus países

   de origen.

3. El _____ de inmigrantes de Asia hacia los EE. UU. se ha incrementado en la última década.

4. Mi padre nos trajo de México a este país. Su _____ era que mis hermanos y yo fuéramos a la universidad.

5. En el club dominicano con frecuencia se ve bailar a las parejas al _____ del merengue.

6. Muchas experiencias de los inmigrantes están _____ a su deseo de prosperar.

7. Una investigadora _____ canciones cuyo tema era la inmigración.

8. Hay gente que todavía ve a los inmigrantes con _____.

9. Algunos países ponen _____ en sus fronteras para evitar el paso incontrolado de personas.

10. La palabra "inmigración" siempre parece tener un _____ político.

6-3 Escoge la palabra que mejor complete el sentido de cada oración.

1. Últimamente se ha visto el fenómeno de la _____ de la estética latina por la sociedad americana en general.

    a. asunción   **b.** fragmentación   **c.** anotación

2. Muchos emigrantes están muy _____ a sus países de origen.

    a. desconfiados   **b.** radicados   **c.** vinculados

3. Al llegar a la frontera, algunos indocumentados _____ el muro que los separa de su ansiado destino.

    a. brindan   **b.** brincan   **c.** desempeñan

4. Algunos inmigrantes solo _____ trabajar unos años aquí y después volverse a su país.

    a. pretenden   **b.** realizan   **c.** ofrecen

5. Mis padres vinieron de El Salvador atraídos por la _____

   economía de este estado.

   a. pujante   **b.** incierta   **c.** débil

Palabras indefinidas afirmativas y negativas

6-4 Cambia las siguientes oraciones al negativo usando el **doble negativo**.

1. Hay algo de comer en la cocina.

   _____

2. Vi a alguien enfrente de tu casa ayer.

   _____

3. Algunas veces voy al gimnasio o a la piscina.

   _____

4. Ricardo viene también con nosotros.

   _____

5. Me dieron algunas instrucciones para curar la herida.

   _____

6-5 Rellena los espacios con la traducción de las expresiones entre paréntesis.

1. *(not even)* El candidato _____ recibió a los representantes de las

   organizaciones pro-inmigrantes.

2. *(ever)* En este país algunos inmigrantes tienen oportunidades que

   _____ tendrían en sus países de origen.

3. *(at all)* No me gusta _____ la retórica de algunos políticos sobre el

   tema de la inmigración.

4. *(Never again)* _____ la volveré a invitar.

5. (*no longer*) Algunos países _____ son tan atractivos para los emigrantes debido a la crisis.

6. (*more than ever*) _____ lo que se necesita es solidaridad.

7. (*without saying anything*) Se pasó el día _____.

8. (*never ever*) _____ he visto tal cosa.

9. (*not yet*) ¿Ha terminado ya? —_____ .

10. (*more tan anything*) Muchos emigrantes anhelan mejorar la vida de sus familias

_____.

6-6 Usa los **negativos** necesarios para completar el siguiente diálogo entre una madre y su hijo que viene a visitarla de la universidad.

Madre: ¿Quieres _____[1] de comer?

Roberto: No, no quiero _____[2]. No tengo hambre.

Madre: Pues, cuéntame _____[3] cosa de ti. ¿Has visto a

_____[4] de tus amigos últimamente?

Roberto: No, no he visto a _____[5]. Están ocupados con los exámenes

finales.

Madre: Y a tu hermana, ¿la has visto?

Roberto: No, no la he visto _____[6]. A veces la llamo los fines de

semana, pero _____[7] está ocupada y no podemos vernos

_____[8].

Madre: Entonces, ¿qué haces los fines de semana?

Roberto: _____[9] fines de semana me quedo en casa a estudiar, pero

otros fines de semana mis amigos y yo _____[10] vamos al cine

_____[11] vamos a cenar y a bailar.

Madre: Bueno, pues espero que _____[12] fin de semana de estos vengas

a casa, pues a tu padre y a mí nos encantaría que nos visitaras más a menudo.

6-7 Contesta las siguientes preguntas usando el **doble negativo** en tus respuestas.

1. ¿Conoces alguna asociación que trabaje por los derechos de los emigrantes?

   _____.

2. ¿Encontraste la información en Internet o en la biblioteca?

   _____.

3. ¿Alguna vez has contactado con tus representantes en el Congreso?

   _____.

4. ¿Crees que alguien pueda ayudarnos con la tarea?

   _____.

5. ¿Has comprado algún libro más por Internet?

   _____.

Modo indicativo y modo subjuntivo

100%

6-8 Subraya la cláusula subordinada e indica si el verbo está en indicativo (**I**) o en (**S**) subjuntivo.

_S_ **1.** Esperan que los vaya a buscar al aeropuerto.

_I_ **2.** Me dijo que Carlos vivía en Chicago.

_S_ **3.** Nunca quiere que nadie la ayude.

_I_ **4.** Es obvio que Marisa es muy inteligente.

_S_ **5.** Es importante que tengas todos tus documentos en orden.

_I_ **6.** No saben que yo no podré venir el sábado.

_S_ **7.** Dudo que Maite y Esteban sean tan ricos.

_S_ **8.** Le preocupa que no mejore la situación económica.

Presente de subjuntivo: formas

6-9 Rellena los espacios en blanco con la forma correcta del **presente de subjuntivo** de

los verbos entre paréntesis.

1. Espero que me (ellos-ofrecer) _ofrezcan_ el trabajo de traductor, pues me encanta traducir.

2. ¿Quieres que te (decir) _digas_ la verdad? No me apetece que (venir) _vengan_ los Fernández a la barbacoa del sábado.

3. No creo que (ellos-construir) _construyan_ un nuevo aparcamiento pues ya hay uno para 1000 coches.

4. En el trabajo quieren que (nosotros-escoger) _escojamos_ ya qué días de vacaciones queremos para el próximo verano.

5. No creo que (nosotros-dormir) _durmamos_ muy bien esta noche con la fiesta que tienen en la casa de al lado.

6. Es necesario que nos (ellos-dar) _den_ la llave del apartamento para poder entrar cuando (nosotros-llegar) _lleguemos_ .

7. No creo que Manuel (saber) _sepa_ nada de este asunto.

8. Siempre insisten en que les (yo-contar) _cuente_ cosas de mi vida privada.

9. Mi padre siempre me dice que (graduarse) _me gradúe_ de la universidad lo antes posible.

10. Me preocupa que no (haber) _haya_ más becas para estudiantes.

11. Juana quiere que (yo-ir) _vaya_ con ella al médico.

12. Les aconsejo que (ustedes-almorzar) _almuercen_ antes de salir.

13. Exijo que me (ustedes-dar) _den_ una explicación por este atropello.

14. Luisito, te pido que por favor (ser) _seas_ bueno en casa de la abuela.

15. No quiero que (tú-volver) _vuelvas_ a decir eso nunca más.

16. Nos sorprende que no (caber) _quepan / cabamos_ todas las maletas en el auto.

17. Deben contratar a alguien que les (dirigir) _dirijan / dirija_ el negocio.

18. Acuesta a los niños ya. No quiero que me (ver) ___*vean*___ salir.

19. Salimos una hora antes que ellos. No creo que nos (alcanzar)

___*alcanzemos*___ *Alcancen* .

20. Insisto que me (tú-dejar) ___*dejes*___ ayudarte.

Usos del subjuntivo: verbos que expresan voluntad, emoción o duda

6-10 Usando frases de **subjuntivo**, escribe tres cosas que te gustan de tu universidad.

> **MODELO:** Me gusta que en mi universidad los estudiantes puedan tomar clases on-line.

1. *me gusta que las clases sean pequeños.*

2. *me gusta que los estudiantes puedan escoger las clases.*

3. *me gusta que la universidad sea cerca centro de Ashland.*

Ahora escribe tres cosas que te molestan de la ciudad donde vives.

> **MODELO:** Me molesta que haya tanto tráfico.

4. *me molesta que cuesta mucho dinero*

5. *me molesta que haya mucho ruido*

6. *me molesta que haya mucho resturante*

6-11 ¿Cómo se dice en español?

1. *I hope we arrive on time.*

ojala que lleguemos a tiempo

2. *My grandmother always asks me to play the piano for her.*

mi abuela siempre me pide que toque el piano para ella,

3. *I am not sure she is 23. I think she is 24.*

No sé si ella es 23. Pienso que ella sea 24

4. *They are glad that we visit them every summer.*

Se alegran que nos visitarás ellos todas las veranos

5. *It bothers me that they always correct me.*

Me molesta que ellos siempre me corrijan.

6. *They demand that we be there at 7.*

nos exigen que estemos allí a las 7.

7. *Do you want me to help you?*

Quieres que te ayude

8. *They doubt they can come to see us before Christmas.*

dudan que ellos puedan visitar a nos. antes de Navidad.

9. *I'm afraid you'll have to take the test again.*

tengo miedo que necesite tomar el examen otra vez

10. *I don't believe that it is a good idea to call them now.*

No creo que es bueno idea a llamar a ellos ahora.

6-12 Completa este *e-mail* con el **presente de indicativo, presente de subjuntivo** o **infinitivo** de los verbos entre paréntesis.

Hola José:

Siento que no (tú-encontrarse) _te encuentres_ [1] bien. Creo que (tú-deber)

debes [2] (ir) _ir_ [3] al médico si el hombro te

(seguir) _Sigue_ [4] doliendo. Mira, te escribo porque quiero que (tú-saber)

Saquas _sepas_ [5] que no voy a poder (jugar) _jugar_ [6] al tenis

contigo por las mañanas, pues mañana empiezo a (trabajar) _trabajar_ [7]

de voluntaria en un centro de ayuda a inmigrantes. Me han pedido que les (ayudar)

ayudan _ayude_ [8] a los que buscan trabajo a (rellenar) _rellenar_ [9]

formularios para pedir el permiso de trabajo. Espero (yo-poder) _poder_ [10]

explicarles bien qué información tienen que (poner) _pudan_ _poner_ [11] en los impresos, pero me lo explicarán antes a mí. Creo (yo-tener) _____tener_____ tengo [12] que

(estar) _____estar_____ [13] en el centro a las 8 de la mañana todos los días. Este

verano me (ir) _____voy_____ [14] a (tener) _____tener_____ [15] que

(levantar) _____levantar_____ [16] más temprano que de costumbre, pero valdrá la pena.

Estoy segura de que (ir) _____va_____ [17] a (ser) _____ser_____ [18] una

experiencia muy buena para mí.

Un abrazo,

Laura

Frases y expresiones impersonales que requieren el subjuntivo

6-13 Termina estas oraciones impersonales de una forma lógica usando el **presente de subjuntivo**.

1. Es probable que dentro de cinco años yo _____cusá con mi amarido_____ .

2. Es imposible que de la noche a la mañana yo _____duerma mucho._____ .

3. Ojalá que la situación económica _____puedan improver._____ .

4. Es importante que el gobierno _____ayude a los gentes_____ .

5. Más vale que nosotros.

6. Es extraño que mi compañera de cuarto _____vaya a otro universidad._____ .

6-14 ¿Indicativo o subjuntivo? Escoge la forma correcta del verbo.

100%

1. Es obvio que no (saben / sepan) ahorrar dinero.

2. No es verdad que Sergio (está / esté) viajando por Europa.

3. Es cierto que nuestra universidad (tiene / tenga) el mejor equipo de fútbol.

4. No es seguro que la situación económica (mejora / mejore) en los próximos años.

5. Es evidente que (tiene / tenga) todas las cualidades necesarias para ser presidente.

6. No es posible que (han / hayan) pasado tantos años sin vernos.

7. Es lamentable que todavía (existe / exista) el analfabetismo en nuestro país.

8. Es increíble que (gastas / gastes) tanto dinero en tan poco tiempo.

9. Es verdad que nos (conocemos / conozcamos) desde hace 5 años.

10. No es verdad que hoy (es / sea) martes. Es lunes.

6-15 Imagínate que un amigo tuyo quiere venir a estudiar a tu universidad y te escribe para pedirte ayuda. Usando frases del **subjuntivo**, dale consejos sobre los problemas que te plantea.

1. ¿Cuándo debo matricularme?

   Te aconsejo que _te matricules antes_

2. ¿Dónde es mejor vivir?

   Es mejor que _vivas en un apartamento con un amiga_

3. ¿Cuánto dinero debo ahorrar?

   Es importante que _ahorre 200,000 dollares_

4. ¿Debo pedir ayuda financiera?

   Te recomiendo que _pidas ayuda financiera._

5. ¿Cuándo debo comprar los libros de texto?

   Es mejor que _compre los libros de texto en Amazon._

El subjuntivo con antecedentes indefinidos o inexistentes

6-16 Rescribe estas frases adjetivas empezando con los verbos indicados. Cambia las palabras indefinidas afirmativas a **negativas** y recuerda cambiar los verbos al **subjuntivo**.

1. Tengo un libro que explica bien la gramática.

   Necesito _____

2. Conozco a alguien que toca en una banda de rock.

   No conozco a_____

3. Hay una heladería que vende helados de mango cerca de aquí.

No hay _____

4. En mi clase hay alguien que habla seis idiomas.

En mi clase no hay _____

5. Cuando voy de compras, siempre encuentro algo que me gusta.

Cuando voy de compras, nunca encuentro _____

6. En el centro de computación hay un ayudante que te puede ayudar a hacer esas

hojas de cálculo con *Excel*.

En el centro de computación no hay _____

6-17 Rellena los espacios en blanco con el **presente de indicativo** o el **presente de subjuntivo** según corresponda.

1. ¿Por qué eres así? No conozco a nadie que (quejarse) _____ tanto

como tú.

2. Hay muchas personas que (tener) _____ más problemas que tú y

no se quejan.

3. Dicen que necesitan a alguien que les (dar) _____ de comer al

gato mientras ellos están de vacaciones.

4. ¿Hay alguien en tu familia que (ser) _____ tan alta como tú?

5. Estoy buscando la guía que (describir) _____ este castillo, pero

no la encuentro por ninguna parte.

6. Lo que necesitan en esa tienda son empleados que (saber) _____

ser más amables con los clientes.

7. Cuando estuve en la tienda pregunté por el empleado que (saber)

_____ cambiar el idioma de Windows.

8. De todos sus hijos no hay ninguno que (seguir) _____ la

profesión de su padre.

6-18 Completa este *e-mail* con el **infinitivo**, **presente de indicativo** o **presente de subjuntivo** según sea necesario.

Hola Manolo:

Gracias por mandarnos los enlaces con algunos de los apartamentos para alquilar

cerca de donde tú (vivir) _____[1]. Ayer vimos uno de ellos, el que

(estar) _____[2] en el barrio de Malasaña. El apartamento (tener)

_____[3] dos habitaciones y (ser) _____[4] muy

luminoso. Nos gustó mucho, pero Marta y yo estamos buscando algo que (quedar)

_____[5] más cerca de mi trabajo. También nos interesa un sitio que

(estar) _____[6] cerca del metro y que (tener) _____[7]

garaje para (poder) _____[8] guardar el coche cuando no lo usemos.

¿Conoces algún apartamento que (reunir) _____[9] estas condiciones

y que (estar) _____[10] más cerca de mi trabajo? Me dijeron que

(ellos-ir) _____[11] a (construir) _____[12] unos

apartamentos nuevos un poco más a las afueras, pero no creo que esos nos

(convenir) _____[13] pues todavía quedarán más lejos de donde yo

(trabajar) _____[14]. Bueno, nada más. Déjanos (saber)

_____[15] de cualquier otro apartamento que (tú-conocer)

_____[16].

Gracias por tu ayuda. Un abrazo,

Pedro

Repaso de acentuación

6-19 Escoge la palabra correcta.

1. Mariano Azuela (publico/publicó) su novela *Los de abajo* durante la Revolución

    mexicana.

2. Mi jefe quiere que (lleve/llevé) estos documentos a la oficina del Sr. Ramírez.

   Quiere que se los (entregue/entregué) en persona.

3. Es posible que Julio (este/esté) enojado conmigo. No me (contesto/contestó) cuando

   lo (llame/llamé).

4. El chico (cruzo/cruzó) la calle por donde no debía. (Dudo/Dudó) un momento y

   después corrió a la otra acera.

5. Dondequiera que (este/esté), lo encontraremos.

Repaso de ortografía: gue, gui, güe, güi

6-20 Escribe la **diéresis** en las palabras que la necesiten. Si no estás seguro/a consulta un diccionario.

averiguemos	aguita	ceguera
verguenza	bilingue	arguir
guitarrista	guerrillero	juguetón
yegua	aguacate	guillotina
seguir	cigueña	lengua
linguística	guera	unguento
guisante	guindo	amiguito

6-21 ¿Se escriben con **gui**, **gue**, **güe** o **güi**? Si tienes dudas, busca las palabras en el diccionario.

1. Si____endo por esta calle llegarás a la tienda que vende el tipo de ____tarra que

   buscas.

2. ¡Qué ver____nza! No recuerdo cuándo terminó la Primera ____rra Mundial.

3. Es necesario que tú averi____s el precio de los billetes cuanto antes.

4. Me encanta pasar el verano en Málaga; el ambiente mala____ño es muy acogedor.

5. Roberto consi____ó el trabajo que solicitó. Ojalá que pa____ bien.

6. Estas figurillas raras de pin____nos las compré en una tienda de anti____dades.

7. La policía persi____ó al criminal.

8. La si____ente frase es muy conocida: "En un lugar de la Mancha…."

9. Es necesario que (nosotros) re____mos el jardín esta tarde.

10. Es una pena que sea monolin____. Siempre quise aprender otro idioma.

11. Los abuelos quieren que los niños jue____n con los ju____tes que les regalaron.

12. La profesora nos pide que entre____mos los ensayos a tiempo.

Capítulo 7

Vocabulario

7-1 **¿Cuál no pertenece?** Escoge la palabra de cada grupo que no está relacionada con las otras palabras.

1. conjunto   alojamiento   vivienda   hogar   residencia

2. repartir   entregar   compartir   distribuir   proporcionar

3. conmovido   excitado   apasionado emocionado despreocupado

4. lujo   austeridad   opulencia   riqueza   magnificencia

5. taller   escuela   calzado   estudio   formación

7-2 Rellena los espacios en blanco con la forma correcta de la palabra o expresión que mejor complete el sentido de las siguientes oraciones. Usa las palabras de la lista pero recuerda que no todas las palabras se necesitan y en algunos casos puede haber más de una respuesta válida.

alojamiento	vacío	innato	subsanar	compromiso	taller
integrarse	aportar	orfanato	tópico	barriada	apuntarse

1. Una de mis actividades como voluntaria en Guatemala fue dirigir

   _____ de formación para desempleados.

2. Los voluntarios buscan _____ en la comunidad para poder

   entender mejor las necesidades de la población.

3. Muchos niños sin padres son recogidos en los _____ locales.

4. Aunque parezca un _____, el ser voluntario y el darse a los demás

es una de las actividades más gratificantes *(rewarding)* que existen.

5. Cuando estuve de voluntaria en Perú trabajé en una _____ al sur

de Lima.

6. En muchos casos la ONG proporciona _____ con familias locales

para los voluntarios.

7. El voluntariado surge del _____ de los jóvenes con los ideales de

igualdad y altruismo.

8. El sentimiento de ayudar a otros es _____ en algunas personas.

9. Muchas ONG tratan de _____ problemas en las comunidades que

los gobiernos locales no han podido o querido solucionar.

10. Para escolarizar a los niños el curso pasado, la ONG _____ los

voluntarios y el gobierno local, la escuela.

7-3 Busca en la lista del vocabulario de la página 200 de tu libro de texto el sinónimo de
las siguientes palabras o expresiones.

1. corear _____
2. estímulo _____
3. anotarse _____
4. incluirse _____

5. demorar _____
6. mudarse _____
7. deshabitado _____
8. dirigir _____

Conjunciones adverbiales que requieren el subjuntivo

7-4 Rellena los espacios en blanco con el **presente de indicativo** o **presente de subjuntivo** según corresponda.

1. Con tal de que les (tú-indicar) _indiques_ en qué país quieres ser

cooperante, los coordinadores de la ONG harán lo posible por mandarte allí.

2. Cuando (yo-llegar) _____llego_____ a casa por la noche normalmente me _In_ ducho y después ceno.

3. Tengo pensado irme de voluntaria en cuanto (graduarse) _me gradúe_ de _Sub_ la universidad.

4. Quizá (yo-poder) _pueda_ tomar un par de días de vacaciones este _Sub_ verano, pero lo dudo mucho pues hay mucho trabajo en la oficina.

5. Jesús no vino a trabajar hoy. Tal vez (estar) _está_ enfermo pues _In_ ayer ya dijo que le dolía la cabeza y tenía fiebre.

6. Los niños del orfanato siempre limpian el salón de clase sin que yo se lo (decir) _Sub_
diga.

7. No empieces hasta que Álvaro nos (avisar) _avise_. _Sub_

8. Siempre lo espero hasta que (hacerse) _se hace_ tarde. Después, me _ind_ voy.

9. Tengo que avisarles para que (subsanar) _subsanen_ el error. _in_

10. Uno no se va de voluntario o voluntaria a otro país a menos que (tener) _Sub_
tenga la intención de mejorar el mundo.

7-5 Cambia estas oraciones del **presente** al **futuro** o del **futuro** al **presente**. Cambia los verbos según sea necesario.

MODELO: Me llama en cuanto sale del trabajo.
Me llamará en cuanto salga del trabajo.

1. Cuando salgo del trabajo, voy al gimnasio.
salga _(iré)_
_____

2. Te echaré una mano cuando me lo pidas.
echo _pides_
_____

3. Voy a pasear hasta que se haga de noche.
paseo _hace_
_____

4. Así que llego al cine, desconecto mi teléfono móvil.

llegue   *desconectaré*

_____

5. Actualizo mi página de *Facebook* después de que llego a casa.

Actualizaré   *llegue*

_____

6. Dondequiera que va, es bien recibido.

vaya   *será*

_____

7-6 Completa estas frases de una manera lógica.

1. Viajaré por Latinoamérica el año que viene a menos que…

fui a una nueva país, _____ .

2. Saldré con mis amigos el sábado con tal de que…

buscamos un pais para bailar _____ .

3. Voy a llamar a mi hermano para que…

pedir ayuda. _____ .

4. La llamaré por teléfono en caso de que…

dirección.

n° di la correcta ~~address~~ _____ .

5. Mi perro me trae las zapatillas sin que yo…

puso arriba de mi cuaderno. _____ .

7-7 Rellena los espacios con el **presente de indicativo**, **presente de subjuntivo** o **pretérito** de los verbos entre paréntesis según se requiera en cada oración.

1. Así que Emilia (sentarse) ___*Se sentó*___ a ver la televisión, alguien llamó a

la puerta.

2. En cuanto (yo-comer) ___*coma*___ , me pondré a hacer la tarea.

3. Cuando los (yo-amenazar) ___*amenacé*___ con demandarlos, me hicieron

más caso.

4. En cuanto Rosa (llegar) ___*llega*___ a casa, su perro empieza a ladrar de

alegría.

5. La crítica elogió su novela tan pronto como (publicarse) ~~Se publique~~ publicó

6. Siempre que (nosotros-verse) _nos vemos_, nos damos un abrazo.

7. No se comprometan con el proyecto hasta que les (ellos-presentar)

   presenten el informe económico.

8. Cuando (tú-ir) _vayas_ a Chile, no dejes de visitar la región de los

   lagos. Es una maravilla.

9. Vámonos antes de que (anochecer) _anochezca_.

10. Tan pronto como (ella-empezar) _empezó_ las vacaciones, desconecta

    su computadora y deja ir sus llamadas al buzón de voz.

Otros casos que requieren el subjuntivo

7-8 Rellena los espacios con la traducción de las expresiones entre paréntesis.

1. *(As far as I know)* _____ Andrea tiene 22 años.

2. *(Come on)* _____, mamá. Déjame ir con Lucas al centro

   comercial.

3. *(No matter how much I tell him)* _____, nunca me hace caso.

4. *(Oh well!)* ¡_____! Me dejé la cartera en el coche.

5. *(Whoever comes)* _____ será bien recibido.

6. *(Whatever they say)* _____ los críticos, a mí no me gustó la

   película.

7. *(However it may be)* _____, el caso es que perdimos el avión.

8. *(As you like them more)* Puedo hacerte los huevos fritos o revueltos,

   _____.

Imperfecto de subjuntivo

7-9 Subraya la cláusula subordinada e indica si el verbo está en **indicativo (I)** o en **subjuntivo (S)**.

_S_ **1.** No era posible que cupieran todas las maletas en el maletero del auto.

_I_ **2.** Me parece que sirvieron la cena demasiado tarde.

_S_ **3.** Fue una pena que no pudiéramos ayudarte.

_S_ **4.** Me dijo que descargara el libro electrónicamente.

_I_ **5.** Era obvio que habían estado hablando de nosotros.

_I_ **6.** Me parece que era amigo suyo.

7-10 Rellena los espacios con la forma correcta del **imperfecto de subjuntivo**.

1. Quería que me (él-decir) ___dijera___ por qué estaba allí.

2. Sentimos que (tú-tener) ___tuvieras___ que irte tan pronto de la fiesta.

3. Entré sin hacer ruido para que nadie me (oír) ___oyera___.

4. Le dije a Matilde dónde íbamos a estar, en caso de (querer) ___querera___
___quisiera___
vernos.

5. Mi profesor de literatura me recomendó que (leer) ___leyera___ a Borges.

6. Martín quería que (yo-dar) ___diera___ una vuelta con él, pero estaba cansado.

7. No creo que (haber) ___hubiera___ nadie en la sala que no lo (conocer) ___conociera___.

8. Me sorprende que todos (estar) ___estuvieran___ allí a las 3, pero allí estaban.

9. Preferiría que (tú-poner) ___pusieras___ música más movida.

10. Se alegraron de que los (nosotros-ir) ___fuéramos___ a ver.

Nombre _____ Fecha _____ Clase _____

7-11 Completa el siguiente párrafo con el **imperfecto de subjuntivo** del verbo entre paréntesis.

Cuando mi amiga Susana me informó que se iba a Ecuador, le sugerí que (irse)

se fuera[1] una semana antes de que (empezar) _empezara_[2] el

programa de la ONG en el que iba a participar. Sabiendo que a ella le interesa mucho

el arte, me pareció que sería buena idea que (pasar) _pasara_[3] unos días

en Quito, donde se encuentra la magnífica obra artística de Caspicara, un escultor indí-

gena del siglo XVIII. Además, le recomendé que (visitar) _visitara_[4]

el Museo Guayasamín, que también está en Quito. Le sugerí que antes de irse (leer)

leyera[5] acerca de estos dos artistas ecuatorianos para que (conocer)

conociera[6] de antemano su biografía y obras más sobresalientes. Desde Quito

Susana me expresó lo mucho que le habían gustado las obras de ambos artistas. Según

me dijo, los religiosos de la época de la colonia notaron la habilidad del joven Caspicara

como escultor y lo animaron a que (esculpir) _esculpiera_[7] esculturas religiosas.

También le pidieron que (hacer) _hiciera_[8] algunas esculturas para la catedral

de Quito, como *La sábana santa*, una joya de la escuela quiteña. Me dijo que le impre-

sionó que Guayasamín (pintar) _pintara_[9] cuadros tan desgarradores sobre

los efectos de la guerra. Susana me agradeció que le (decir) _deciera dijera_[10] sobre

estos dos grandes artistas pues el conocer su obra fue una gran introducción a la cultura de

Ecuador, el país donde iba a ser voluntaria.

7-12 Cambia estas frases del **presente** al **pasado**. Haz los cambios que sean necesarios.

1. Se alegra de que estemos bien.

   Se alegró de que estuviéramos bien.

2. Le molesta que no apague el teléfono móvil en clase.

   Le molestó que no apagara el teléfono móvil en clase.

3. Dice que la esperes.

Dijo que la esperaras. .

4. Te lo va a dar a menos que ya tengas uno igual.

te lo iba a dar a menos que ya tuviera uno igual. .

5. No creo que se sienta tan mal.

No creía que se sintiera tan mal .

7-13 Rellena los espacios con el **presente de indicativo**, **presente de subjuntivo** o **imperfecto de subjuntivo**.

Algunas ONG prefieren voluntarios que (tener) _tengan_ [1] experiencia, pero

no es totalmente necesario, pues muchos voluntarios (aprender) _aprenden_ [2]

lo que (tener) _tienen_ [3] que hacer al llegar a su punto de destino. Sin

embargo, mi caso fue diferente. La ONG me pidió que (hacer) _hiciera_ [4]

un cursillo de formación de cuatro semanas para que (estar) _estuviera_ [5]

capacitada para el trabajo social que iba a hacer en Bolivia. También me recomendaron

que (aprender) _aprendiera_ [6] algunas nociones de aimara, que es la lengua que

(hablar) _hablan_ [7] los indígenas. Unos amigos que habían sido voluntarios

en Latinoamérica me dijeron que (llevar) _llevara_ [8] algunos regalos para

los niños con los que iba a trabajar de voluntaria, pues a los niños les encanta que les (dar)

den [9] regalos. Con esta mínima preparación me vine a Bolivia y tres

meses después de llegar aquí (estar) _estoy_ [10] encantada de ser voluntaria en

este país lleno de cultura y tradición.

Presente perfecto de subjuntivo

7-14 Rellena los espacios con la forma correcta del **presente perfecto de subjuntivo**.

1. No creo que (ellos-terminar) _____ todavía.

2. No conozco a nadie que (asistir) _____ a esa universidad.

3. Me molesta que (ustedes-retrasarse) _____.

4. La aerolínea nos dará la confirmación en cuanto (nosotros-hacer)

_____ la reserva.

5. No sé por qué se fueron, a no ser que les (ellos-decir) _____ que

no podían estar allí.

6. Llámanos tan pronto como te (ellos-comunicar) _____ si te dieron

la beca o no.

7. Creo que fue Will Rogers quien dijo "Nunca he conocido a nadie que no me (caer)

_____ bien".

8. Me preocupa que no (ellos-resolver) _____ el problema todavía.

9. ¡No me puedo creer que (tú-ganar) _____ la lotería otra vez!

10. No cree que le (nosotros-decir) _____ la verdad.

7-15 Rellena los espacios con el **presente perfecto de indicativo** o **subjuntivo** según corresponda.

Queridos padres:

Espero que estén bien y que (recibir) _____[1] el paquete que les envié el

mes pasado. Mamá, ¿te gustó el huipil que te mandé? Es una prenda *(garment)* típica de

Guatemala y me encanta que tengas uno. No saben lo que me alegro de haber venido de

voluntario a Guatemala pues esta experiencia (ser) _____[2] una de las

mejores de mi vida. Además, los otros voluntarios están encantados conmigo. Solo

sienten que no (venir) _____[3] antes, pues hay tantas cosas que hacer y

tantas áreas en las que ayudar. En estos tres meses (colaborar) _____[4]

con una ONG que se ocupa de escolarizar a niños de la calle. También (participar)

_____[5] en talleres para enseñar a usar computadoras e Internet a los

jóvenes de la localidad. No creo que nunca (tener) _____[6] estudiantes más

interesados en aprender. También (hacer) _____[7] algo de turismo y (conocer) _____⁸ a gente muy interesante. ¿Qué más les puedo

decir? Estaré aquí hasta que (terminar) _____⁹ el curso académico

y después volveré a casa. Tengo muchas ganas de verlos. Espero que les (gustar)

_____¹⁰ recibir noticias mías.

Un abrazo,

Pablo

Pluscuamperfecto de subjuntivo

7-16 Rellena los espacios con la forma correcta del **pluscuamperfecto de subjuntivo**.

1. No contrataron a nadie que no (tener) _____ experiencia previa

   con jóvenes.

2. Buscaban a alguien que (participar) _____ en talleres con jóvenes

   con anterioridad.

3. Por eso a Marcela le sorprendió que no la (contratar) _____ a ella

   pues tiene mucha experiencia.

4. Pero parece que buscaban a alguien que (estar) _____ de volun-

   tario en países del Sur.

5. Me habría gustado que me (ofrecer) _____ el puesto a mí, pero no

   tengo las cualificaciones que buscan.

6. Los responsables de la ONG dijeron que seguirían buscando hasta que (encontrar)

   _____ al candidato o candidata ideal.

7-17 Rellena los espacios en blanco con el **pluscuamperfecto de indicativo** o **subjuntivo** según corresponda.

> **MODELOS:** (venir) Sentí que tú no <u>hubieras venido</u> a la reunión de exvoluntarios de la semana pasada.
> (invitar) Sandra me <u>había invitado</u> a ir, pero no pude ir.

1. Carlos me contó ayer cómo (ser) _____ la reunión del club de

    exvoluntarios del sábado pasado.

2. Se sorprendió de que yo no (asistir) _____ a la reunión.

3. Carlos pensó que yo no (querer) _____ ir.

4. Lo que pasó es que el día anterior (yo-estar) _____ enferma y el

    sábado todavía no me encontraba bien del todo.

5. Parece que demoraron el comienzo de la reunión hasta que todos (llegar)

    _____, pero después de un rato empezaron.

6. La reunión fue un éxito pero Carlos lamentó que yo no (ver) _____

    el video que pusieron sobre el trabajo de los voluntarios.

7. En todo caso, Carlos estaba contento de que la reunión (salir)

    _____ tan bien.

8. De hecho dijo que esta (ser) _____ una de las mejores reuniones

    del grupo.

Secuencia de tiempos

7-18 Escoge la forma correcta del verbo según el sentido de estas oraciones.

Alberto me llamó porque quería que yo lo (acompañe/acompañara)[1] al concierto de anoche.

Yo habría ido con él si (había podido/hubiera podido)[2], pero ya tenía un compromiso. Sentí

mucho que no me lo (hubiera dicho/ha dicho antes)[3], pues (habría podido/había podido)[4]

cambiar mis planes. Lamento mucho que él no (consiguiera/consiguió)[5] a nadie que (fuera/

fue)[6] con él. No creo que (sea/fuera)[7] muy divertido ir a un concierto solo.

7-19 Rellena los espacios en blanco con la forma correcta del verbo que se requiera en cada
caso.

El otro día Arturo me invitó a cenar. Me había dicho que lo (esperar)

_____[1] en el restaurante indio cerca de mi casa. Después de cenar, al ir a pagar la cuenta, Arturo se dio cuenta de que (perder) _____ [2] la

billetera. Entonces me pidió que yo la (pagar) _____ [3]. ¡Vaya invitación!

Espero que él no (volver) _____ [4] a hacer lo mismo en el futuro, pues es

ya la segunda vez que ocurre esto. No me gusta que Arturo (ser) _____ [5]

tan despistado (*absentminded*), y que siempre (estar) _____ [6] perdiendo

las cosas. En verdad me molestó que me (invitar) _____ [7] a cenar y que

al final (tener) _____ [8] que pagar yo. ¿Y si yo también me (olvidar)

_____ [9] la cartera en casa? Y ese dinero que pagué, dudo mucho que nunca

me lo (devolver) _____ [10].

7-20 ¿Cómo se dice en español?

1. *They were looking for someone who had taught special education.*

   _____

2. *When I saw her in the store, she had not yet found anything she liked.*

   _____

3. *Tell me something that (has) interested you of the movie.*

   _____

4. *I would ask you not to speak so loud.*

   _____

5. *Elena would have loved that they asked her to sing, but nobody did.*

   _____

6. *They are 4 years older than you. They will have graduated by when you start*

   college.

   _____

Cláusulas con *si*

7-21 Completa las oraciones con una frase original para indicar el resultado en las siguientes situaciones.

> **MODELO:** Si hubiera asistido a una universidad en el extranjero...
> ... <u>habría aprendido otro idioma</u>.

1. Si yo hubiera recibido una beca, <u>habría ido a una university</u>.
2. <u>~~pues~~ trabaje</u> si pudiéramos participar de voluntarios.
   NO
3. Si practicaras un deporte, <u>podría recibir un beca</u>.
4. Si hubiéramos sabido que era tu novio/a, <u>no habría besado a el.</u>
5. <u>habría hablado a ella.</u> si hubiera conocido a la directora.

7-22 Completa cada oración con la forma correcta del verbo indicado.

1. Si (hacer) <u>hiciera</u> buen tiempo, saldríamos a patinar por el parque.
2. Si (saber) <u>hubiera sabido</u> que tenías hambre, te habría preparado por lo menos un sándwich.
3. Estoy segura que si (tú-buscar) <u>busques</u> trabajo lo encontrarás.
4. Si ellos me (pedir) <u>pidiera</u> un favor, yo se lo haría.
5. Se hubieran enterado de lo que pasó en Uruguay si (escuchar) <u>habría escuchado</u> las noticias.
6. Temblaba como si (ver) <u>viera</u> un fantasma.
7. Si los niños (venir) <u>vinieron</u> ayer, yo no los vi.
8. Los ayudaríamos si nos (pedir) <u>pidieran</u> ayuda.
9. Si me (prestar) <u>prestas</u> tu *iPod*, prometo cuidártelo mucho.
10. Tu salud mejorará si (dejar) <u>dejas</u> de fumar.
11. Elva me trata con mucho cariño, como si yo (ser) <u>fuera</u> su hermana.
12. Si ella te (contar) <u>contó</u> sus confidencias, era porque te tenía confianza.

Imperativo

7-23 Transforma las siguientes frases en **imperativos de Usted** para dar instrucciones a un paciente en un consultorio.

> **MODELO:** llenar la planilla
> Llene la planilla.

1. escribir en letra de molde

   <u>escriba en letra de molde</u>

2. dar el nombre y la dirección del seguro médico

   <u>dé el nombre y la dirección del seguro médico</u>

3. incluir su domicilio y número de teléfono

   <u>incluya su domicilio y número de teléfono.</u>

4. no olvidarse de firmar la planilla.

   <u>no olvidate̶s̶ ^se de firmar la planilla</u>

5. entregar la planilla a la recepcionista

   <u>entregue la planilla a la recepcionista</u>

7-24 Ahora prepara un anuncio para todos los pacientes que vengan a la recepción. Usa la forma del **imperativo de Uds.**

> **MODELO:** esperar a que se anuncie su nombre
> Esperen a que se anuncie su nombre.

1. verificar la fecha de su cita

   <u>verifi^quen la fecha de su cita</u>

2. sentarse en la sala de espera

   <u>siéntense ^en la sala de espera</u>

3. no traer comida ni bebidas a la sala de rehabilitación

   <u>no traigan comida ni bebidas a la sala de rehabilitación</u>

4. no usar el teléfono celular en el edificio

   <u>no usen el teléfono celular en el edificio.</u>

5. esperar a que los llame la recepcionista

esperen a que los llame la recepcionista

6. pedir la próxima cita con dos semanas de anticipación

pidan la próxima cita con dos semanas de anticipación

7-25 Tú tienes que salir y quieres recordarle a tu compañero/a de cuarto que haga ciertas tareas cuando vuelva al apartamento. Siguiendo el modelo, escríbele una nota diciéndole que...

MODELO: ... saque la basura   <u>Saca la basura.</u>

1. ... no pierda tiempo hablando por teléfono _no pierdas tiempo hablando por teléfono._

2. ... no se olvide de hacer la compra _no te olvides de hacer la compra_

3. ... de paso recoja la ropa de la tintorería _de paso recoja la ropa de la tintorería_

4. ... devuelva la llamada a su madre _devuelva la llamada a su madre._

5. ... no use tu computadora _no uses tu computadora._

6. ... empiece a preparar la cena _empieza a preparar la cena_

7-26 **¿Cómo se dice?** Traduce las siguientes oraciones escribiendo las diferentes formas de traducir *Let's* que sean posibles en cada caso.

MODELO: *Let's sit down here.* <u>Vamos a sentarnos aquí. A sentarnos aquí.</u>
<u>**Sentémonos aquí.**</u>

1. *Let's give her the gift today.* _Vamos a darle su regalo ahora. A darle el regalo hoy_

démosle hoy

2. *It's very cold. Let's close the door.* _Hace mucho frío. Vamos a cerrar la puerta._

A cerrar la puerta. Cerremos la puerta

3. *Let's not go to the museum this afternoon.* _Nos vayamos al museo esta tarde_

4. *Let's call them now; let's tell them to meet us at the café.* _Llamarles ahora:_

decirles que encuentren.

7-27 Cambia los verbos de las siguientes frases a **imperativos indirectos** o **impersonales**.

> **MODELOS:** ellos / ir con Luis   <u>Que vayan con Luis</u>.
> Abrir con cuidado   <u>Ábrase con cuidado</u>.

1. los estudiantes / leer la comedia antes de la clase

2. Pepe y Rosalinda / hacer el papel de Romeo y Julieta

3. Javier / explicar el tema

4. mantener / en el refrigerador

5. enviar / por correo ordinario

6. poner / en agua caliente

Repaso de acentuación

7-28 Pon la tilde en las palabras subrayadas que la necesiten.

1. Maritza <u>llegara</u> a las once aunque le habían sugerido que <u>llegara</u> a las diez.

2. Le piden al señor que <u>pague</u> la cuenta. —Ya la <u>pague</u>, —dijo él.

3. El jefe esperaba que los empleados <u>trabajaran</u> el fin de semana.

4. Por favor, no <u>toque</u> los objetos de cristal.

5. <u>Compre</u> el texto que nos pidió el profesor. Ojalá Mario <u>compre</u> el suyo mañana.

6. <u>Busque</u> por todos lados pero no encontré la cartera. Será necesario que la <u>busque</u>

   otra vez.

7. Le pidieron a Celia que <u>tocara</u> el piano en la fiesta. De seguro que también <u>cantara</u>.

8. Fue necesario que <u>enviaran</u> las invitaciones un mes antes de la boda.

7-29 Pon la tilde en las palabras que la necesiten.

1. No se olviden de pasar por mi a las seis. Pero llamenme antes de salir de casa.

2. Escribe estos apuntes en cursiva. Escribemelos en este cuaderno.

3. Digales a los señores que entren.

4. Leame la carta; leamela en voz alta si no es mucha molestia.

5. Por favor, traigame el periodico y pongalo aquí sobre la mesa.

6. Es mejor que le digan la verdad. Digansela esta misma noche.

7. Ya es muy tarde. Vamonos.

8. Sentemonos aquí bajo la sombra de este arbol.

Repaso de ortografía: ll, y, -ío, -ía, -illo, -illa

7-30 ¿Se escriben con **ll** o **y**? Si tienes dudas, busca las palabras en el diccionario.

jo___a	tra___endo	___enar	in___ección
hu___eron	pro___ecto	ca___arse	cebo___a
___oviendo	ca___aron	pla___era	paneci___o
re___eno	___ema	tra___endo	ensa___o
arro___o	ga___eta	a___udar	cue___o
tobi___o	le___enda	se___o	be___eza

7-31 ¿Se escriben con **-ío, -ía,** o **-illo, -illa**? Si tienes dudas, busca las palabras en el diccionario.

roc_____	cast_____	garant_____	ventan_____
geometr_____	pesad_____	tort_____	resfr_____
traves_____	pas_____	tranv_____	past_____
cosqu_____s	sociolog_____	amar_____	bocad_____
m_____ *(mine)*	sombr_____ *(umbrella)*	horqu_____	vac_____
cuch_____	marav_____	vain_____	m_____ *(mile)*

Capítulo 8

Vocabulario

8-1 ¿Cuál no pertenece? Escoge la palabra que no está relacionada con las palabras de cada grupo.

1. tapar   cubrir   esconder   facilitar   proteger

2. religión   fe   creencia   esperanza   duda

3. ofrenda   donativo   costumbre   donación   regalo

4. detener   quitar   arrancar   separar   erradicar

5. revoltoso   inquieto   rebelde   tranquilo   turbulento

8-2 Rellena los espacios en blanco con la forma correcta de la palabra que mejor complete el sentido de las siguientes oraciones. Usa las palabras de la lista pero recuerda que no se necesitan todas las palabras y en algunos casos puede haber más de una respuesta válida.

arrancar	donativo	fe	variopinto	prender	desasosiego
afincarse	revoltoso	testigo	jerárquico	codearse	no obstante

1. Mi iglesia está pidiendo _____ para hacer varias reformas en el

    edificio.

2. La repentina dimisión del pastor produjo un gran _____ entre los

    miembros de la congregación.

3. Muchas iglesias evangélicas _____ ya en Latinoamérica.

4. Después de hacer el altar del Día de los Muertos, nosotros siempre le

   _____ velas.

5. Mucha gente viene a misa en Navidad. _____, el día de mayor

   asistencia a la iglesia es el Domingo de Resurrección.

6. Todos los allí presentes fueron _____ del milagro.

7. La _____ es una virtud cristiana.

8. Los asistentes a la boda eran de lo más _____.

9. A pesar de haberlo torturado, no le pudieron _____ sus creencias

   religiosas.

10. El papa está en lo más alto del orden _____ de la Iglesia católica.

8-3 Busca en la lista del vocabulario de las páginas 232–233 de tu libro de texto el
sinónimo de las siguientes palabras o expresiones.

1. ansiedad _____
2. origen _____
3. agitador _____
4. variado _____

5. encender _____
6. relacionarse _____
7. padecer _____
8. permanecer _____

Pronombres

8-4 Identifica el **tipo de pronombre** subrayado (sujeto [**s**], complemento directo [**cd**],
complemento indirecto [**ci**], reflexivo [**r**] o preposicional [**prep.**]) en las siguientes
oraciones.

_____1. <u>Nos</u> casamos hace dos años.

_____2. ¿Esto es para <u>nosotros</u>?

_____3. <u>Nosotros</u> no vamos.

_____4. Van a llamar<u>nos</u> más tarde.

_____5. <u>Nos</u> ofrecieron ir con ellos.

Pronombres sujeto

8-5 Los **pronombres sujeto** no son obligatorios y normalmente se omiten. En otros casos, son necesarios. Explica por qué se necesitan los pronombres sujeto en estas oraciones.

1. La que no sabe nada de esto soy <u>yo</u>.

2. <u>Usted</u> ya lo sabía, ¿verdad?

3. <u>Ustedes</u> son muy amables conmigo.

4. Entre <u>él</u> y <u>yo</u> solo hay una buena amistad.

5. <u>Ella</u> trabaja y <u>yo</u> estudio.

Pronombres preposicionales

8-6 Completa las oraciones con el **pronombre preposicional** adecuado.

MODELO: Antonio me invitó a salir. Antonio quiere salir <u>conmigo</u>.

1. Te doy el libro. El libro es para _____.

2. Ellos quieren acompañarnos. Ellos quieren ir con _____.

3. Julián es muy egoísta. Julián solo piensa en _____ mismo.

4. Siempre estamos de acuerdo. Entre tú y _____ no hay

   discrepancias.

5. Alfredo no me olvida. Alfredo piensa en _____.

6. Rosa decidió no ir. Como _____, yo también preferí no ir con

   ellos.

7. Yo vine en taxi. Todos vinieron en autobús menos _____.

8. Voy a ir solo porque nadie quiere venir con_____.

9. Escribí la carta y _____ misma la puse en el buzón.

10. Me senté detrás de Luisa. Como estaba detrás de _____, no

    pudimos hablar.

8-7 **¿Cómo se dice?** Usa los **pronombres preposicionales** para traducir estas oraciones.

1. *For her there is nothing impossible.*

   _____

2. *Can I go with you (fam. sing.)?*

   _____

3. *She works for herself.*

   _____

4. *He left nothing for himself.*

   _____

5. *Everybody went except him.*

   _____

8-8 Completa las oraciones, traduciendo al español las palabras que están en inglés.

1. (*for us*) Esta cama es demasiado pequeña _____.

2. (*near me*) Ellos viven _____.

3. (*with you [fam. sing.]*) Creo que iré _____.

4. (*with her*) No quiero salir _____.

5. (*with him*) Alicia habló _____.

6. (*for them*) Traje un videojuego _____.

7. (*you [fam. sing.] and me*) Entre _____ no hay secretos.

8. (*except me*) Todos tienen catarro _____.

9. (*for himself*) Pedro trabaja _____.

10. (*without us*) Ellos no pueden ir _____.

Pronombres en función de complemento directo

8-9 Imagínate que hoy es tu primer día de trabajo como voluntario en la iglesia local y el párroco *(parish priest)* quiere estar seguro de que ya has hecho o vas a hacer tus tareas. Contesta sus preguntas afirmativamente sustituyendo los complementos directos por los correspondientes **pronombres de complemento directo**. Sigue el modelo.

> **MODELO:** —¿Apagaste las velas?
> —Sí, ya las apagué.

1. —¿Recogiste ya los donativos?

   _____.

2. —¿Vas a depositar los cheques hoy o mañana?

   _____.

3. —¿Cerraste ya la puerta de la iglesia?

   _____.

4. —¿Limpiaste ya la sala de reuniones?

   _____.

5. —¿Publicaste ya el boletín informativo de la iglesia en nuestra página web?

   _____.

6. —¿Es necesario que te diga cómo apagar las luces de la sacristía *(vestry)*?

   _____.

7. —¿Necesitas apuntar cómo hacerlo?

   _____.

8. —¿Vas a llamarme la próxima semana?

   _____.

8-10 Rellena los espacios en blanco con la traducción de los pronombres que están en inglés.

Manolo:

Sabes perfectamente que ayer *(I)* _____[1] quería ir *(with you [fam.*

sing.]) _____[2] a la fiesta de cumpleaños de Antonio, pero no *(me)*

_____[3] llamaste en todo el día. No sabía dónde estabas y no contes-

tabas el teléfono. *(You)* _____[4] estuve esperando todo el día, pero *(you)*

_____[5] no te apareciste. A *(you)* _____[6] te hubiera

dado igual que *(I)* _____[7] me perdiera la fiesta ¿verdad? Pero, para

que *(it)* _____[8] sepas, Marlena *(me)* _____[9] llamó y

fui con *(her)* _____[10] a la fiesta y *(it)* _____[11] pasé

muy bien. No sé por qué *(you)* _____[12] pedí que fuéramos juntos. La

próxima vez le pediré a Ramiro que vaya *(with me)* _____[13] o iré *(I)*

_____[14] sola. Lo nuestro se terminó. Esta es la última gota *(drop)*. Entre

(you) _____[15] y *(me)* _____[16] ya no hay nada. Que tengas

una buena vida. Adiós.

Patricia

Pronombres en función de complemento indirecto

8-11 Subraya la forma correcta del **pronombre de complemento indirecto** que está entre paréntesis.

1. La abuela se queja porque los nietos casi no (le/les) escriben.

2. ¿Nadie (le/les) dijo a usted nada?

3. ¿Por qué no (me/nos) pediste ayuda a nosotros?

4. Adriana (le/les) pidió a su jefa un aumento de sueldo.

5. ¿Qué (le/les) dijeron a ustedes que hicieran?

6. ¿A ti qué (te/le) falta?

7. A mí no (me/te) gusta nada ese restaurante.

8. A veces a los jóvenes (les/le) es difícil pensar en el futuro.

8-12 Completa las oraciones con el **pronombre de complemento indirecto** que corresponda.

1. El otro día la profesora de Sierra _____ habló a sus alumnos sobre la santería.

2. La profesora _____ puso un video a los estudiantes sobre los diferentes rituales santeros.

3. Miriam _____ preguntó a la profesora sobre la distribución geográfica de esta religión.

4. Lo profesora _____ explicó a nosotros que la práctica de la santería predomina sobre todo en la zona del Caribe.

5. Como soy cubano, la profesora _____ preguntó a mí si yo había visto un ritual de este tipo alguna vez.

6. Yo _____ contesté a ella que sí.

Posición de los pronombres de complemento directo e indirecto

8-13 Completa las respuestas a estas preguntas usando **los pronombres de complemento directo** e **indirecto** que se necesiten.

1. —¿Quién te regaló esa cadena?

—Mi novia _____ _____ regaló.

2. —¿A quién le dejaste tu auto?

—_____ _____ dejé a mi hermano.

3. —¿Quién les dio a los niños ese videojuego?

—Javier _____ _____ dio.

4. —¿Me puedes traer leche cuando salgas?

—Sí, _____ _____ traigo cuando vuelva.

5. —¿Van a cambiarte el suéter o no?

—No sé si _____ _____ puedan cambiar pues perdí el recibo.

6. —¿Le vas a mandar una tarjeta de cumpleaños a tu madre?

—Sí, _____ _____ voy a mandar hoy.

7. —¿Vas a decirle la verdad a Alfredo?

—Sí, creo que _____ _____ debo decir.

8. —¿Por qué les estás cortando el césped *(lawn)* a los vecinos?

—Porque _____ _____ pidieron.

9. —¿Quién les dijo a ustedes que hoy es mi cumpleaños?

—Maite _____ _____ dijo.

10. —¿Me podría envolver la camisa? Es un regalo.

—Sí, _____ _____ envuelvo ahora mismo.

8-14 Contesta estas preguntas sustituyendo los **complementos directos** e **indirectos** por los **pronombres** correspondientes. En tus respuestas, añade los pronombres al verbo y recuerda poner la tilde cuando se necesite.

> **MODELO:** —¿A quién le estás contando esa historia?
> —Estoy contándosela a Jacobo.

1. —¿Le van a mandar el fichero a Victoria por *e-mail*?

_____

2. —¿Cuándo le vas a devolver a tu hermana el dinero que te prestó?

_____

3. —¿Quién te estaba pidiendo tus notas de clase?

_____

4. —¿Cuándo nos vas a presentar a tu novio?

_____

5. —¿A quién le estabas mostrando tu nuevo *smartphone*?

_____

6. —¿Quién tiene que darme las planillas para firmar?

_____

8-15 Rellena los espacios con el **pronombre de complemento directo**, **indirecto** o **preposicional** que corresponda.

Queridos padres:

_____¹ escribo desde Lima. ¡Qué ciudad tan interesante! Como saben, estoy visitando a

mis amigos Miguel y Elena. A Miguel _____² conocí en la universidad de Miami mien-

tras terminaba su doctorado en Historia. Creo que _____³ terminó el año pasado y que

_____⁴ dieron un sobresaliente *cum laude* por su tesis doctoral. Es que es un genio. A su

novia, Elena, _____⁵ conocí ayer. Es simpatiquísima. Ayer mismo _____⁶ (a mí) lleva-

ron a conocer el centro histórico de Lima. Fui con _____⁷ por la mañana pues por la tarde

íbamos a ir a cenar comida típica peruana. Miguel y Elena _____⁸ enseñaron la catedral

y el convento de San Francisco, ambos de estilo barroco colonial. La catedral es preciosa y

el convento _____⁹ impresionó. Fue fundado por los padres franciscanos poco después

de la fundación de Lima. Parece que Pizarro _____¹⁰ dio un solar *(plot)* al padre francis-

cano Fray Francisco de la Cruz, quien levantó en _____¹¹ una pequeña capilla. Cuando

Fray Francisco se ausentó, el terreno quedó abandonado y entonces Pizarro _____¹²

_____¹³ dio a los dominicos. Finalmente los franciscanos consiguieron de nuevo el terreno

y levantaron el convento que fue inaugurado en 1672, aunque no _____¹⁴ terminaron

completamente hasta 1774. El convento es una joya del barroco colonial. Miguel y Elena

querían mostrar_____¹⁵ *(it to me)* temprano, antes de que se llenara de turistas. Un guía

_____¹⁶ hizo una visita guiada y _____¹⁷ enseñó el convento. Yo _____¹⁸ pregunté al

guía por las catacumbas y él _____¹⁹ explicó que como en la época de la colonia no había

cementerio en Lima, era costumbre enterrar a la gente bajo el convento. Visité las catacumbas yo solo pues Miguel y Elena no quisieron visitar_____[20] con_____[21] porque ya las

conocían. ¡Qué impresionantes! Después el guía _____[22] mostró la biblioteca, que tiene

más de 25.000 libros. Fue una visita estupenda. _____[23] encantó conocer el convento y

el aprender más de la cultura peruana. Es un país fascinante. Bueno, nada más. _____[24]

escribiré cuando llegue de vuelta a los EE. UU.

Un abrazo,

Santiago

Pronombres reflexivos

8-16 Escribe el **imperativo afirmativo** y **negativo** de los siguientes **verbos reflexivos** usando el verbo en la persona indicada. Recuerda poner la tilde cuando se necesite.

> **MODELO:** vestirse (tú) <u>Vístete.</u>   <u>No te vistas.</u>

1. sentarse (Uds.) _____   _____

2. lavarse (Ud.) _____   _____

3. ponerse (nosotros) _____   _____

4. irse (nosotros) _____   _____

5. levantarse (tú) _____   _____

8-17 Escribe el **imperativo** según el modelo. Recuerda poner la tilde cuando se necesite.

> **MODELO:** ¿Qué dices...
>
> ... si quieres que tus amigos se levanten?   <u>Levántense.</u>

1. ... si quieres que se diviertan?   _____

2. ... si quieres que se vayan?   _____

3. ... si quieres que me dé prisa?   _____

4. ... si no quieres que me ría?   _____

5. ... si no quieres que me preocupe?   _____

8-18 ¿Cómo se dice? Traduce las siguientes oraciones usando una **construcción reflexiva** en tus respuestas.

1. *Wash your (fam.sing.) hands before eating.*

   _____

2. *Don't worry so much!*

   _____

3. *He always falls asleep when he watches TV at night.*

   _____

4. *We were complaining about the new schedule when the boss showed up.*

   _____

5. *He sees himself in his son.*

   _____

6. *I am not feeling well today.*

   _____

7. *If you continue making so much noise, I am going to get mad.*

   _____

8. *Put on your (form. pl.) gloves before going out.*

   _____

El dativo de interés

8-19 Escribe DI junto a las oraciones en las que se usa el **dativo de interés**.

_____ 1. Nos sentamos a tomar un café.

_____ 2. No me llore, don Amaro, que no es para tanto.

_____ 3. A mí no me lo dijo nadie.

_____ 4. Nos sirvieron un ceviche estupendo.

_____ 5. Nos lo comimos entre Amalia y yo.

_____ **6.** Se me escapó el perro.

_____ **7.** Ten cuidado. No te me equivoques.

_____ **8.** ¿Te avisó Luis de que iba a venir?

El se accidental

8-20 Reescribe estas oraciones con el *se* **accidental** para indicar que las acciones fueron involuntarias.

> **MODELO:** María olvidó el paraguas en la oficina.
> <u>A María se le olvidó el paraguas en la oficina.</u>

1. Dejé la cartera en casa. _____

2. Perdimos los cheques. _____

3. ¿Estropeaste la computadora? _____

4. Olvidé lo que te iba a decir. _____

5. Rompieron el juguete. _____

6. ¿Cuántos platos rompiste? _____

El se pasivo y el se impersonal

8-21 ¿*Se* **pasivo** o *se* **impersonal**? Indica con una **P** si la oración contiene el *se* **pasivo** y con un **I** si la oración contiene el *se* **impersonal**.

1. _____ Este reglamento se estableció hace mucho tiempo.

2. _____ En aquella tienda se vende ropa de niños.

3. _____ Hoy se siente mucho el calor.

4. _____ Se necesita secretaria bilingüe.

5. _____ Anoche se firmó el contrato.

6. _____ No se permiten menores de edad.

8-22 Cambia las siguientes oraciones a **oraciones pasivas** con *se*.

> **MODELO:** Colombia produce mucho café.
> <u>Se produce mucho café en Colombia.</u>

1. La organización no consiguió las metas propuestas.

   _____

2. La correspondencia ya fue distribuida.

   _____

3. Fundaron varios museos en esta ciudad.

   _____

4. Las cartas fueron traducidas al inglés.

   _____

5. ¿Dónde publicaron las noticias de las elecciones?

   _____

6. Le ofrecieron el puesto de gerente a Arturo.

   _____

8-23 Contesta las siguientes preguntas con usando el *se* **impersonal**.

> **MODELO:** ¿Qué venden en aquel local? (autos usados)
> <u>Se venden autos usados.</u>

1. ¿Qué requieren para la licencia de conducir? (el número de seguro social)

   _____

2. ¿A qué hora abren esa tienda? (a las 10)

   _____

3. ¿Qué le ponen al ceviche? (mucho jugo de lima)

   _____

4. ¿Cuántos idiomas hablan en Suiza? (varios)

   _____

5. ¿Qué tipo de música ponen en esa emisora de radio? (todo tipo)

_____

Resumen de los diferentes usos de se

8-24 ¿Cómo se dice en español? Traduce las siguientes oraciones usando una construcción con **se**.

1. *One doesn't dare to contradict him.*

_____

2. *Alicia forgot to close the door.*

_____

3. *Our washing machine broke down yesterday.*

_____

4. *One cannot see anything from here.*

_____

5. *What do they say about the new dean?*

_____

6. *A delicious dinner was served in the patio.*

_____

7. *Children, don't take off your shoes here.*

_____

8. *How does one get to the airport from this hotel?*

_____

9. *They trust each other; that's why they tell each other their secrets.*

_____

10.   *I refused to lend it (f.) to them.*

_____

Repaso de acentuación

8-25 Pon la tilde en los siguientes verbos con pronombres añadidos.

1.	Esperenme.	**8.**	Comprenmelas.
2.	Sentemonos.	**9.**	Digale.
3.	Siguen escribiendome.	**10.**	Estaban llamandonos.
4.	Escuchame.	**11.**	Quise regalarselo.
5.	Acuerdense.	**12.**	Vayanse.
6.	Pensaba enviartelo.	**13.**	Estoy vistiendome.
7.	Deseo recomendartelo.	**14.**	No quiere prestarmela.

8-26 Pon la tilde en las palabras subrayadas si se necesita.

1.   Compré esta manzana. Es para ti.

2.   No te olvides de mi.

3.   Alberto solo piensa en si mismo.

4.   Te dio un buen regalo y tu no le diste las gracias.

5.   ¿Es verdad que tu hermana trabaja para tu compañía?

6.   Ella fue a la boda; el no.

7.   Alicia habló con el.

8.   Ellos se comunicaron con mi abogado y con el de ella.

Repaso de ortografía: diferencias entre el español y el inglés

8-27 Escribe las siguientes palabras en español. Si no estás seguro/a de la ortografía, consulta un diccionario.

1. *telephone* _____

2. *occur* _____

3. *professional* _____

4. *philosophy* _____

5. *orchestra* _____

6. *immediately* _____

7. *different* _____

8. *application* _____

9. *orchid* _____

10. *stamp* _____

11. *possession* _____

12. *atheist* _____

13. *immense* _____

14. *immortal* _____

15. *occupy* _____

16. *theology* _____

17. *stimulant* _____

18. *scandal* _____

19. *therapy* _____

20. *physics* _____

21. *sponge* _____

22. *collaborate* _____

23. *immigrant* _____

24. *intellectual* _____

25. *offend* _____

26. *spirit* _____

Capítulo 9

Vocabulario

9-1 **¿Cuál no pertenece?** Escoge la palabra que no está relacionada con las palabras de cada grupo.

1. cátedra	iglesia	disciplina	universidad	materia
2. hábil	apto	tenaz	capaz	experto
3. señalar	anotar	escribir	apuntar	proceder
4. éxito	pérdida	desastre	fallo	fracaso
5. esbozar	trazar	diseñar	considerar	dibujar

9-2 Rellena los espacios en blanco con la forma correcta de la palabra que mejor complete el sentido de las siguientes oraciones. Usa las palabras de la lista pero recuerda que no se necesitan todas las palabras y en algunos casos puede haber más de una respuesta válida.

regirse	rechazo	apuntar	capaz	barajar	desprestigiar
convivir	acogida	No obstante	procedente	conjunto	afín

1. Todas las indicaciones _____ a que el uso del *spanglish* va en

aumento en los EE. UU.

2. Algunos opinan que el uso del *spanglish* _____ al español.

3. En algunas partes de EE. UU. el *spanglish* _____ con el español,

el inglés y con otras lenguas habladas en la zona.

4. Mi hermano habla español perfectamente. _____, a veces usa el

   spanglish para comunicarse mejor con sus clientes.

5. El nuevo editor es muy _____. Habla tres idiomas y es muy

   meticuloso.

6. La gramática es el _____ de reglas aceptadas para el uso correcto

   de una lengua.

7. El *spanglish* _____ tanto por reglas gramaticales inglesas como

   españolas.

8. El español y el portugués se consideran lenguas _____ pues ambas

   proceden de otra lengua común anterior, el latín.

9. La acepción del término *spanglish* por la Real Academia Española provocó el

   aplauso de muchos y el _____ de otros.

10. La _____ de la crítica a la película cuyo diálogo es íntegramente

    en *spanglish* no fue tan calurosa como se esperaba.

9-3 Busca en la lista del vocabulario de la página 259 de tu libro de texto el **sinónimo** de
las siguientes palabras o expresiones.

1. coexistir _____   5. recibimiento _____

2. considerar _____   6. incuestionable _____

3. insertar _____   7. confirmar _____

4. combinarse _____   8. ignorar _____

Adjetivos y pronombres posesivos

9-4 Contesta las preguntas usando en las respuestas un **adjetivo posesivo**.

> **MODELO:** No encuentro mis pendientes. ¿Los tienes tú?
> Sí, aquí tengo <u>tus</u> pendientes.

1. ¿De dónde son los tíos de Isabel?

   _____ tíos son de Puerto Rico.

2. ¿Cómo va la situación económica de Uds. estos días?

Puedo decir que _____ situación está mejorando.

3. Las maletas de ellos, ¿ya las pusiste en el baúl del carro?

No, _____ maletas todavía están dentro de la casa; solo puse la mía.

4. No encuentro mi diccionario de español, ¿lo tienes tú?

Sí, aquí tengo _____ diccionario.

5. ¿Has estado alguna vez en casa de los Salinas?

No, porque _____ casa queda muy lejos de la mía.

9-5 Traduce al español los **adjetivos** o **pronombres posesivos** que están en inglés para completar las frases.

1. *(his)* _____ conocimiento del español es asombroso.

2. *(his)* Unos amigos _____ estudiaron varios dialectos hablados en

México.

3. *(my/yours [form. pl.])* _____ francés es mediocre, pero

_____ es muy bueno.

4. *(your [fam.])*¿De qué país eran _____ padres?

5. *(her)* Como _____ primos son catalanes, hablan español y catalán

indistintamente.

6. *(our/our)* _____ casa es amarilla, pero la de

_____ vecinos es verde.

7. *(my/yours [fam. sing.])* Encontré _____ pasaporte en el cajón, pero

no pude encontrar _____.

8. *(mine)* Un pariente _____ vivió unos años en Argentina y por eso

usaba la forma *vos*.

9. *(your [form. pl.])* Les repito que no tengo nada _____.

10. *(my/hers)* _____ smartphone es negro, pero

_____ es verde.

11. *(yours [fam. sing.])* Este es mi diccionario. ¿Dónde está _____?

12. *(Our/Theirs)* _____ apartamento tiene una vista al mar encanta-

dora. _____ da al jardín.

13. *(her/ours)* Georgina dice que _____ situación económica está

mejorando. No puedo decir lo mismo de _____.

14. *(my)* ¡Dios mío! ¿Dónde habré dejado _____ anteojos?

15. *(Their)* Por _____ manera de hablar, es obvio que conocen el

portugués perfectamente.

Adjetivos y pronombres demostrativos

9-6 Traduce al español los **demostrativos** que están en inglés para completar estas frases.

1. *(This)* _____ crucigrama es muy difícil.

2. *(that)* No me gusta nada _____ costumbre que tienes de beber

leche directamente del cartón.

3. *(that over there)* Creo que voy a tener que pintar de nuevo _____

pared. No me gusta como quedó.

4. *(These)* _____ días hay un festival de cine Latino en el Cine

Odeón.

5. *(those)* ¿Quién dejó ahí _____ periódicos?

6. *(those over there)* Mira _____ nubes. Creo que va a llover.

7. *(the latter/the former)* Carmen y Susana trabajan conmigo; _____

de intérprete y _____ de programadora.

8. *(That one)* Necesito comprarme una maleta nueva. _____

que compraste ayer, ¿cuánto te costó?

9-7 Completa este diálogo entre un cliente y el dependiente de una frutería con **los pronombres demostrativos** que se necesiten.

Frutero: ¿Qué melón prefiere, _____[1] de aquí o _____[2] que está ahí?

Cliente: Prefiero _____[3] de aquí pues parece que está más maduro.

Frutero: ¿Y qué ciruelas va a llevar? _____[4] de allá son estupendas.

Cliente: _____[5] de ahí también parecen buenas, pero me fío de usted y llevaré de

_____[6] de allá para probarlas. Póngame medio kilo. Necesito también

tomates porque voy a hacer gazpacho. Póngame un kilo de _____[7] de

aquí que se ven bien maduros.

Frutero: ¿Algo más?

Cliente: No, nada más. ¿Cuánto es todo?

Pronombres relativos

9-8 Completa las oraciones con los **pronombres relativos que, quien** o **lo que**, según se requiera.

1. El chico _____ conociste anoche es editor de una revista literaria.

2. Su hermano, a _____ vi en la televisión el otro día, es periodista y escritor.

3. Juan conoce perfectamente el español y el inglés, _____ no le impide usar el

   spanglish a veces para entenderse mejor con sus clientes.

4. Esa aplicación _____ tienes en tu *smartphone*, ¿da la conjugación completa

   de los verbos en español?

5. Esa expresión _____ acabas de usar no es español ni inglés, sino *spanglish*.

6. _____ diga la gente no debe importarte.

7. _____ mucho habla, mucho yerra *(errs)*.

8. Las palabras _____ mencionó el profesor en clase hoy son de origen árabe.

9. _____ necesitas es descansar.

10. El diccionario *online* del _____ te hablé da también la etimología de las palabras.

11. Las muchachas con _____ salimos el sábado son chilenas.

12. ¿Quién es el chico _____ te saludó en el centro comercial?

9-9 Escoge el **pronombre relativo** correcto para completar estas oraciones.

1. (cuyo, cuya, quien) El *spanglish*, _____ principal característica es la mezcla del español y el inglés, se habla en diferentes partes de EE. UU.

2. (lo que, que, la que) Estela parece siempre muy cansada, _____ me tiene muy preocupada.

3. (que, quien, la que) ¿De qué Isabel hablas, de _____ es maestra o de la otra, que es abogada?

4. (cuya, cuyos, la cual) Los teléfonos _____ tecnología no se adapte a las nuevas aplicaciones, quedarán pronto obsoletos.

5. (lo que, quien, la que) Esa es la silla en _____ siempre se sentaba mi abuelo.

6. (cuyos, cuya, los cuales) La Real Academia de la Lengua, _____ miembros son escritores y estudiosos del idioma, tiene un diccionario *online* donde se pueden consultar dudas lingüísticas.

7. (lo que, quien, que) Te presento a mi amigo Raúl. Él es con _____ viajé a Caracas el verano pasado.

8. (que, quienes, los cuales) ¿Cómo se llamaban los chicos _____ me presentaste ayer?

9. (la cual, quien, lo que) El conferenciante, con _____ solo algunos estuvieron de acuerdo, expuso una teoría sociolingüística muy poco ortodoxa en su conferencia.

10. (quienes, cuyos, los que) Los alumnos, _____ estaban exhaustos, terminaron el examen a las diez de la noche.

9-10 Escoge el **pronombre relativo** que se requiera para completar los siguientes refranes.

1. Nunca es tarde para bien hacer; haz hoy (el cual, lo que) no hiciste ayer.

2. En casa de Amanda, ella es (que, la que) manda.

3. (El cual, El que) mucho duerme poco vive.

4. (El que, Lo que) uno no quiere el otro lo desea.

5. No es oro todo (el que, lo que) reluce.

6. (Quien, El cual) mal anda mal acaba.

7. No es más limpio (el que, el cual) más limpia, sino (que, el que) menos ensucia.

8. (La cual, Quien) hace (el que, lo que) debe, hace (el que, lo que) debe.

9. La primera impresión es (lo cual, la que) cuenta.

10. (El que, El cual) busca halla, y a veces (lo cual, lo que) no pensaba.

9-11 Completa las oraciones con la traducción de las frases entre paréntesis.

1. (*whom*) Las personas a _____ más admiro son aquellas que defienden la

   diversidad en el lenguaje.

2. (*the one who*) Mi tía, _____ vive en Texas, acaba de publicar uno de sus

   poemas en una revista del pueblo.

3. (*that*) Después del partido le dieron un premio al entrenador _____ llevó al

   equipo a la final del campeonato estatal.

4. (*What*) _____ más me gustaría regalarles a mis padres para su aniversario es

   un viaje a su tierra natal.

5. (*whose, who*) El alcalde de la ciudad, _____ nombre no recuerdo en este

   momento, fue _____ dio el discurso el Día de la Independencia.

6. (*which*) El Presidente se dirigió a los delegados hispanos en español, _____

   provocó el aplauso de los asistentes al acto.

7. (*who, the one that*) El Sr. Escobar, _____ es muy conocido por sus fotos de

   la naturaleza, fue _____ estableció la fundación para jóvenes fotógrafos.

8. (*that, which*) El informe _____ Adán presentó en la clase estaba lleno de

errores, _____ sorprendió mucho a su profesor.

9-12 Forma una oración combinando las dos oraciones cortas con uno de estos relativos: **que**, **quien**, **lo que**, **lo cual**. Añade las palabras que se necesiten para formar tus oraciones.

> **MODELO:** Me sentía un poco enferma. No pude ir al gimnasio.
>
> Me sentía enferma por lo (que) cual no pude ir al gimnasio.

1. Irma conducía a una velocidad excesiva. Le pusieron una multa.

   _____

2. El apartamento tiene dos habitaciones. Lo alquilé la semana pasada.

   _____

3. La madre de Roberto nos invitó a cenar anoche. Ella es muy buena cocinera.

   _____

4. La dependienta es hermana de mi amiga Susana. Ella me atendió ayer.

   _____

5. Gastó el dinero en chucherías. Sus padres le dieron el dinero.

   _____

9-13 Al leer este texto, escoge el **relativo** o **demostrativo** entre paréntesis que se requiera en cada caso.

El premio Pulitzer del año 2008, *La maravillosa vida breve de Oscar Wao*, ha resultado

todo un éxito en los Estados Unidos, y no solo por las ventas (que/la cual)[1] ha alcanzado,

sino por la repercusión mediática y social que ha tenido. El autor, Junot Díaz, (que/el que)[2]

es de origen dominicano, ha conseguido ser el segundo autor de origen latino galardonado

con tan prestigioso premio. Además se ha convertido en el primero en poner de relieve la

realidad de los hispanos en (esta/esa)[3] nación y su influencia en el lenguaje, (que/la cual)[4]

ha derivado en una mezcla de palabras y expresiones propias, ya, de la cultura

estadounidense.

Junot, (quien/el que)[5] llegó a los Estados Unidos con tan sólo siete años y se instaló

en Nueva Jersey, ha confesado que, cuando llegó, tuvo problemas para integrarse, y que

(aquella/esta)[6] experiencia y el hecho de ser caribeño marcaron su temática y estilo.

Pero (esta/esa)[7] no es una novela sobre la inmigración, aunque lógicamente (este/aquel)[8]

hecho planea por todo el relato. El texto, (las cuales/cuyas)[9] expresiones híbridas son

fruto de un maridaje *(marriage)*, a veces imposible, entre el español y el inglés, refleja

la propia naturaleza dominicana del autor. "Los caribeños son la raza más híbrida del

mundo. Escribir una novela sobre el Caribe era una invitación a escribir todas las

palabras (que/las cuales)[10] conozco." A lo largo de sus páginas se entremezclan todo tipo

de palabras, con total natura-lidad, en perfecta unión. Es "una especie de criollo"

reconoce el propio autor. Para explicar (esta/aquella)[11] zona maravillosa (el Caribe),

tienes que usar todos los recursos que conoces". Tal vez por (este/aquel)[12] hecho, y

por su indiscutible calidad literaria, Junot se hiciera merecedor del premio literario más

prestigioso de los Estados Unidos. (Lo que/Lo cual)[13] Junot consigue es que en su prosa

rezuma *(ooze)* una gran espontaneidad, una libertad o anarquía (donde/en las cuales)[14]

todo es posible y en (donde/lo que)[15] la unión de la cultura angloparlante

e hispanohablante se conjugan a la perfección. El diario *El País* apuntaba en sus páginas

recientemente: "Si Estados Unidos es la zona cero de la lucha entre el inglés y el

español, Junot Díaz abre una ventana a un mundo ajeno a la confrontación, de (la que/

que)[16] anglosajones e hispanos han creado algo vivo y distinto".

("Junot Díaz. *La maravillosa vida breve de Oscar Wao*". Adaptado. José Ángel

Gonzalo. *Revista Punto y Coma*, núm. 16, enero-feb. 2009, Habla con Eñe, S. L. Publishers.)

Sustantivos

9-14 Rellena los espacios en blanco con la forma masculina o femenina de los siguientes
sustantivos.

	Masculino	**Femenino**
1.	el actor	_____
2.	_____	la duquesa
3.	el yerno	_____
4.	el artista	_____
5.	_____	la madrastra
6.	el poeta	_____
7.	_____	la gallina
8.	el abogado	_____
9.	el agente	_____
10.	_____	la emperatriz
11.	el conde	_____
12.	_____	la hembra

9-15 Rellena los espacios en blanco con el **artículo definido** (**el**, **la**) que se necesite.

1. José Antonio hizo muy buenas inversiones con _____ capital que su padre le dejó de herencia.

2. Los científicos siguen luchando por encontrar _____ cura para el cáncer.

3. Si no encuentras el número de teléfono del restaurante en _____ guía, búscalo en Internet.

4. Hay un poco de viento. Lleva a los niños a jugar con _____ cometa.

5. Quedó muy adolorido del golpe que se dio en _____ frente.

6. El capitán le dio a la tropa _____ orden de retroceder.

7. Me dijeron que _____ víctima del asalto fue el dueño del negocio de la esquina.

8. _____ editorial del periódico de hoy tocaba el tema de la inmigración.

9. Por favor, ayúdame a buscar _____ pendiente de perlas; creo que se me cayó debajo de la mesa.

10. _____ personaje del drama merece una descripción más detallada.

9-16 Escribe el **plural** o el **singular** de los siguientes **sustantivos**.

Singular	**Plural**
1. una cruz	_____
2. _____	unos franceses
3. la tesis	_____
4. el ají	_____
5. _____	las actrices
6. el altavoz	_____
7. _____	los regímenes
8. el champú	_____
9. el pie	_____
10. un águila	_____
11. el café	_____
12. el sofá	_____
13. _____	unos disfraces
14. un poema	_____
15. el ala	_____
16. un dólar	_____
17. _____	las hachas
18. el martes	_____
19. el té	_____
20. un reloj	_____

Diminutivos y aumentativos

9-17 Escribe el **diminutivo** de las siguientes palabras. Usa las terminaciones **-ito/a** o **-cito/a**.

1. flor _____
2. mujer _____
3. perla _____
4. agua _____
5. lago _____
6. golpe _____
7. cuchara _____
8. moneda _____
9. beso _____
10. lugar _____

11. coche_____
12. cruz _____
13. café _____
14. abrigo _____
15. parque _____
16. música_____
17. campana _____
18. taza_____
19. lágrima _____
20. cielo _____

9-18 Cambia las palabras subrayadas a la forma diminutiva.

Cerca de mi casa hay un parque a donde suelen llevar las madres a sus hijos a jugar. Ayer que pasé por allí me llamó la atención una niña que iba vestida de blanco con un sombrero adornado de flores rosadas. No quería jugar por no ensuciar su ropa, pero cuando vio que a un amigo se le había caído su juguete en la fuente, se arriesgó para ayudarlo a pesar de ensuciar su vestido blanco. No me preguntes por la reacción de su mamá.

9-19 Usa un **aumentativo** para describir las frases subrayadas. Puede haber más de una respuesta.

MODELO: ¡Qué voz tan fuerte tiene ese hombre!
Vozarrón

1. En el bosque había unos árboles muy grandes que daban mucha sombra.

   _____

2. Podríamos decir que el Sr. Pérez tiene un gran negocio en esa vecindad.

   _____

3. ¡Qué sombrero tan exagerado lleva esa mujer!

   _____

4. No me gusta el bigote tan grande de ese señor.

_____

5. Por ser muy débil no pudo levantar ese <u>bolso tan grande</u>.

_____

9-20 Cambia los siguientes **diminutivos** a **aumentativos**.

1. librito _____   **6.** maquinita _____

2. golpecito _____   **7.** pantallita _____

3. puertecita _____   **8.** muñequita _____

4. salita _____   **9.** cajita _____

5. anillito _____   **10.** canastita _____

Repaso de acentuación

9-21 Si la frase está en plural, escríbela en **singular**. Si está en singular, escríbela en **plural**.

1. una conversación amena _____

2. un portugués cortés _____

3. un carácter dominante _____

4. el hombre narigón _____

5. un lápiz marrón _____

6. un ratón juguetón _____

7. el examen difícil _____

8. unas naciones unidas _____

9. un corazón débil _____

10. algún trabajo fácil _____

Ortografía: sc

9-22 ¿Se escriben con **sc**, **c** o **s**? Si no estás seguro/a, consulta un diccionario.

di___olución   sei___ientos   a___endente

e___enografía   a___ensión   en___ender

adole___ente   de___endiente   sete___ientos

eferve___encia   mi___eláneo   nece___idad

inver___ión   ob___eno   o___ilar

efi___iente   do___ientos   sufi___iente

de___ifrar   a___ensor   di___iplina

9-23 ¿Se escriben con **sc**, **c** o **s**? Si no estás seguro/a, consulta un diccionario.

1. En___endí las lu___es porque empezaba a anoche___er.

2. En nuestra agen___ia les han dado un a___enso a los trabajadores más efi___ientes.

3. No nos gusta ver programas de televi___ión que tienen e___enas de violen___ia.

4. Será necesario que se anali___en varios con___eptos antes de tomar una de___isión.

5. ¡Claro que no! Mi familia no de___iende de la nobleza.

6. Está incon___iente. Va a ser nece___ario llevarla al hospital.

9-24 Subraya la forma correcta.

1.	conciente consciente	6.	dicípulo discípulo
2.	ciencias siencias	7.	obscenidad obsenidad
3.	asender ascender	8.	ascunción asunción
4.	esencia escencia	9.	observancia obscervancia
5.	consenso conscenso	10.	novecientos novescientos

Capítulo 10

Vocabulario

10-1 **¿Cuál no pertenece?** Escoge la palabra que no está relacionada con las palabras de cada grupo.

1.	rociar	lloviznar	absorber	humedecer	mojar
2.	deprimir	consolar	desanimar	disuadir	desmoralizar
3.	indiferente	atónito	asombrado	extrañado	estupefacto
4.	preciso	borroso	confuso	indefinido	opaco
5.	manchar	pintar	desenvolver	teñir	matizar

10-2 Rellena los espacios en blanco con la forma correcta de la palabra que mejor complete el sentido de las siguientes oraciones. Usa las palabras de la lista pero recuerda que no se necesitan todas las palabras y en algunos casos puede haber más de una respuesta válida.

solar	borroso	teñir	estupefacto	montón	cifra
pozo	contertulio	empapado	arruinar	plegar	rociar

1. Los _____ del programa de radio, que pertenecían a partidos

   opuestos, no estaban de acuerdo sobre qué medidas eran mejores para mejorar la

   economía.

2. Al recibir la noticia de que había perdido tanto dinero en la bolsa, se quedó

   _____.

3. Cuando el director general de la compañía presentó las _____ del

    último cuatrimestre, los accionistas *(stock holders)* dieron un suspiro de alivio.

4. La firma en este cheque es casi ilegible. Está muy _____.

5. Salieron de casa con un sol espléndido, pero con la tormenta que se levantó

    volvieron a casa _____.

6. Dicen que van a construir un nuevo centro comercial en el _____

    que está al lado de la estación de autobuses.

7. Pepe, por favor limpia la mesita de cristal; primero la _____ con

    limpiacristales y luego la secas con una toallita de papel.

8. Cuando era pequeño no teníamos agua corriente en casa y teníamos que sacarla del

    _____ que estaba en el patio.

9. Como empezó a llover, Jorge y yo _____ las sillas del jardín,

    entramos en casa y continuamos nuestra conversación en la cocina.

10. ¡Vaya! Se me cayó lejía *(bleach)* en los pantalones nuevos. Los voy a tener que

    _____ de negro para poder seguir usándolos.

10-3 Busca en el vocabulario de las páginas 290–291 de tu libro de texto el **sinónimo** de
las siguientes palabras o expresiones.

1.	parcela _____	5.	mojado _____
2.	dobló _____	6.	hierba _____
3.	número _____	7.	dañó _____
4.	mudó _____	8.	excavación _____

Adjetivos

10-4 ¿Qué **adjetivo** usarías para describir a las siguientes personas y cosas?

> **MODELO:** una persona que tiene pereza   <u>una persona perezosa</u>

1. una persona que siente envidia   _____

2. un amigo que tiene lealtad   _____

3. una vida con felicidad _____

4. un camino con muchas piedras _____

5. una persona que practica la humildad _____

6. un panorama con montañas _____

7. un niño que tiene miedo _____

8. una persona que vive en la pobreza _____

9. una persona que tiene nobleza _____

10. una persona con mucha capacidad _____

10-5 Escribe el **adjetivo** derivado de los siguientes sustantivos.

1. adaptación _____

2. curiosidad _____

3. perfeccionismo _____

4. corporación _____

5. pereza _____

6. calor _____

7. audacia _____

8. dicha _____

9. puntualidad _____

10. prudencia _____

11. flexibilidad _____

12. diversión _____

13. eficacia _____

14. servicio _____

15. creatividad _____

16. tristeza _____

10-6 Cambia las frases usando las palabras que se dan a la derecha. Haz los cambios que sean necesarios.

MODELO: un chico boliviano   <u>unas</u> escritoras <u>bolivianas</u>

1. un niño regordete _____ señora _____

2. una pareja feliz _____ padres _____

3. un estudiante holgazán _____ chicos _____

4. una persona vivaz _____ personas _____

5. un trabajo difícil _____ obras _____

6. un joven emprendedor _____ mujeres _____

10-7 Sustituye las frases subrayadas por un **adjetivo descriptivo** de igual significado. Añade las palabras que se necesiten para formar las nuevas oraciones.

> **MODELO:** Es una persona <u>con mucha tenacidad</u>.
> <u>Es una persona muy tenaz.</u>

1. Esa es una propuesta <u>con poca sensatez</u>.

   _____

2. Tu novio <u>tiene mucha cortesía</u>.

   _____

3. Para que la nueva película sea un éxito, necesitamos a un actor <u>que tenga mucha popularidad</u>.

   _____

4. Rocié a las hormigas con este insecticida, pero no <u>tuvo mucha eficacia</u>.

   _____

5. Su comportamiento demuestra que no <u>tiene profesionalidad</u>.

   _____

6. Los vendedores de esa tienda <u>tienen mucha agresividad</u>.

   _____

7. Usted <u>tiene la responsabilidad</u> del accidente.

   _____

8. Cuando lo llamé me dijo que estaba <u>lleno de aburrimiento</u>.

   _____

10-8 Escribe una oración original con cada una de las siguientes expresiones.

1. el mismo hombre _____

   el hombre mismo_____

2. un gran individuo _____

   un individuo grande _____

3. pobre niño _____

niño pobre _____

4. cualquier silla _____

una silla cualquiera _____

5. el dichoso señor _____

el señor dichoso _____

10-9 **¿Cómo se dice en español?**

1. *I was on vacation last week and now I have more than 50 unanswered e-mails.*

_____

2. *There is no doubt that Dr. Martin Luther King was a great charismatic leader.*

_____

3. *The first pipe I bought to fix the sink was too big, so I had to buy another one*

smaller in size.

_____

4. *All arriving and departing flights were delayed because of the wind.*

_____

5. *This is not an unimportant situation. His behavior was very unethical.*

_____

6. *She was very happy with the pearl necklace she found in an antique store.*

_____

7. *A bank president generally earns more than a branch (sucursal) director.*

_____

8. *He himself took part in the contract negotiations with the workers.*

_____

Adverbios

10-10 Clasifica los siguientes **adverbios** según el concepto que expresen.

nunca	bastante	así	jamás	mal	nada	allá
recién	sí	además	adentro	quizá(s)	entonces	acaso

Lugar	
Tiempo	
Modo	
Cantidad	
Afirmación	
Negación	
Duda	

10-11 Escribe los **sustantivos**, los **adjetivos** y los **adverbios** que faltan para completar la siguiente tabla.

	SUSTANTIVO	ADJETIVO	ADVERBIO
1.	belleza		
2.			fácilmente
3.	lentitud		
4.		veloz	
5.		trágico	
6.			dulcemente
7.	riqueza		
8.		envidioso	
9.			audazmente
10.		antiguo	
11.	cortesía		
12.		suave	

10-12 Completa estas oraciones con los **adverbios con -mente** derivados de los adjetivos que se dan entre paréntesis.

1. (educado) Para tener un buen ambiente de trabajo, es necesario comportarse

   _____ con los demás compañeros y compañeras de trabajo.

2. (difícil) _____ podremos alcanzar los resultados de ventas que

   tuvimos el año pasado.

3. (fluido) Parece que han contratado a un nuevo vendedor que habla tres idiomas

   _____.

4. (meticuloso) El jefe había leído los informes económicos _____

   antes de tomar su decisión final.

5. (práctico) _____ hemos terminado el proyecto. Solo nos falta

   incluir un par de tablas al final del informe.

6. (enfático, decisivo) El representante de los trabajadores se dirigió a la junta directiva

   _____ y _____.

10-13 Cambia los siguientes **adverbios con -mente** a **frases adverbiales**.

   MODELO: María habló (calmadamente) <u>con calma</u> sobre lo sucedido.

1. Después de las presentaciones, la reunión empezó (inmediatamente)

   _____.

2. (Fácilmente) _____ puedes ganar ochenta mil dólares al año en ese

   trabajo.

3. No debemos precipitarnos. Debemos obrar (prudentemente) _____.

4. La nueva directora dirige la empresa (dinámicamente) _____.

5. Ernesto siempre llega al trabajo (puntualmente) _____.

6. (Realmente) _____ lo que necesito son unas buenas vacaciones.

Comparativos

10-14 Completa el párrafo con una de las siguientes **palabras comparativas**. (No se usan todas las palabras.)

más   tan   tanto   tantos   como   que

En mi oficina trabajo con dos computadoras, una de sobremesa y una portátil. Uso una

_____ [1] _____ [2] la otra. Podríamos decir que una es

_____ [3] buena _____ [4] la otra, sin embargo, tienen sus

diferencias. La computadora de sobremesa no tiene _____ [5] memoria

_____ [6] la portátil, y, por lo tanto, es un poco lenta. Una ventaja de la com-

putadora de sobremesa, sin embargo, es que tiene _____ [7] programas insta-

lados _____ [8] la computadora portátil y por eso la sigo usando.

10-15 Escribe la(s) palabras(s) necesarias para completar estas **oraciones comparativas**.

1. Aquel representante es mucho más responsable _____ el que co-

   nocí ayer.

2. Menos _____ quince personas asistieron a la reunión de supervi-

   sores.

3. No lleva más _____ cinco meses con la compañía y ya le dieron

   un ascenso.

4. Es muy confiable, por eso tiene _____ seguidores como su colega.

5. Me gustan sus ideas, aunque son menos pragmáticas _____ las de

   Roberto.

6. Siempre llegan a la misma hora. Cristina es _____ puntual

   _____ Evangelina.

7. Prefiero la propuesta del Sr. Martínez porque no tiene tantos requisitos

   _____ la del Sr. Gómez.

8. Nada funciona _____ bien como tú lo describes.

10-16 Completa las oraciones con **de + artículo** (**el, la, los, las, lo**) **+ que**. Recuerda que **de + el = del**.

> **MODELO:** Ella es más audaz <u>de lo que</u> parece.

1. El candidato cuenta con más experiencia _____ se le atribuye.

2. Vendimos la casa en más dinero _____ pagamos por ella.

3. Hubo muchas solicitudes para el puesto, muchas más _____ se

   esperaban.

4. Consiguió una oferta en menos tiempo _____ anticipaba.

5. Se han contratado menos personas _____ habían prometido.

6. El gerente de ventas prometió más _____ los vendedores pudieron

   vender.

10-17 ¿Cómo se dice en español?

1. *The novel I'm reading now is better written that the one I read last week.*

   _____

2. *No one is more tenacious than Pepe.*

   _____

3. *He is not as reasonable as I thought he would be.*

   _____

4. *There is less noise in this room.*

   _____

5. *He thinks as carefully as I do when there are problems.*

   _____

6. *His analysis of the situation was worse than mine.*

   _____

7. *Rene is younger than Susana and works less hours than she does.*

   _____

Superlativos

10-18 ¿Cómo se dice en español?

1. *She is the kindest person I know.*

    _____

2. *Alberto says the best workers are those that learn from their mistakes.*

    _____

3. *Are you the youngest in your family?*

    _____

4. *Did you know that the University of Mexico is the oldest in the Americas?*

    _____

5. *It's a mansion! It is the biggest house I've ever seen!*

    _____

6. *Julian is the least aggressive vendor of all.*

    _____

7. *That house is the oldest in the city. It's a historical monument.*

    _____

8. *What is the worst mistake you have made?*

    _____

10-19 Contesta las preguntas **afirmativamente** usando el superlativo absoluto.

   MODELO: ¿Es rico el presidente de la compañía? <u>Sí, es riquísimo.</u>

1. ¿Fue muy larga la presentación que hizo el gerente? _____

2. Es muy amable la dependienta, ¿no? _____

3. ¿Queda muy lejos de aquí el supermercado? _____

4. Marina es una chica simpática, ¿verdad? _____

5. Fue muy mala la inversión que hizo, ¿no crees? _____

10-20 Comparativos y superlativos. Completa las oraciones, traduciendo las frases en inglés para formar el **comparativo** o el **superlativo**.

1. (*the highest...in the*) ¿Sabes cuál es _____ pico

    _____ mundo?

2. (*as many...as*) En esa compañía se empleaban _____ trabajadores

    _____ en la compañía donde yo trabajaba.

3. (*the worst*) Para algunos comercios, esta ha sido una de _____

    temporadas económicamente.

4. (*a lot less...than*) Costa Rica exporta _____ café

    _____ Colombia.

5. (*much higher than*) Aquel edificio es _____ el que están constru-

    yendo ahora.

6. (*as much as*) A las mujeres muchas veces no se les paga _____ a

    los hombres por el mismo trabajo.

7. (*as many...as*) Te aseguro que el banco donde tengo mi cuenta ofrece

    _____ servicios _____ el tuyo.

8. (*as...as*) El programa de ayuda financiera es _____ importante

    _____ los programas educativos para los jóvenes.

9. (*extremely difficult*) Para mí, aprender a hablar ruso es _____.

10. (*so good*) ¡Los diseños que presentó el arquitecto eran _____!

11. (*the oldest*) De todos los hermanos, Fermín es _____.

12. (*less than*) Me explicó que había trabajado _____ diez años en esa

    empresa.

Repaso de la acentuación

10-21 Pon la **tilde** en las palabras subrayadas que la necesiten.

1. Siempre se esfuerza por terminar su tarea, <u>aun</u> sabiendo que va a ser casi imposible.

2. Trata de convencerlo que nos acompañe, <u>mas</u> no insistas demasiado.

3. Tienes razón; no voy a insistir <u>mas</u> porque parece que <u>aun</u> no ha terminado su tarea.

4. Son <u>riquisimos</u>; <u>aun</u> así ambicionan tener <u>mas</u>.

5. Me saludó <u>cordialmente</u>. Después salió <u>rapidamente</u>, sin haber obtenido la información <u>aun</u>.

Repaso de ortografía: r, rr

10-22 ¿Se escriben con **r** o **rr**? Si no estás seguro/a consulta un diccionario.

co____upto	peli____ojo	en____edar
i____esistible	al____ededor	ba____io
a____oz	anti____obo	is____aelita
ba____ato	aho____ar	ce____adura
e____upción	te____nura	____iqueza
hon____ado	que____á	para____ayos
greco____omano	i____eal	ce____eal

10-23 Escoge la palabra que complete el sentido de la oración y escríbela en el espacio.

1. (coral/corral) La tormenta arruinó el _____ donde estaba el ganado.

2. (cero/cerro) En lo alto del _____ se veía la torre de la radiodifusora.

3. (cero/cerro) Los mayas fueron los primeros habitantes de las Américas en reconocer el concepto del _____.

4. (para/parra) Aquella _____ se ha secado por falta de agua; me parece que esta no va a ser una buena temporada de vinos.

5. (querían/querrían) Los niños _____ ir al zoológico pero no pude

   llevarlos.

6. (coral/corral) Los arrecifes de _____ están en peligro por el

   calentamiento global.

7. (foro/forro) Tendré que ponerle un _____ nuevo a mi abrigo de

   invierno.

8. (ahora/ahorra) No tiene suficiente dinero porque casi nunca _____

   la cantidad que debe.

10-24 Escribe la letra de la columna **B** que corresponde al significado de la palabra en la
columna **A**.

	A		B
____ 1.	perita	a.	meter para que no pueda salir
____ 2.	perrita	b.	dar sepultura a un cadáver
____ 3.	caro	c.	animal doméstico pequeño
____ 4.	carro	d.	piececito o manita (con uñas) de un animal
____ 5.	encerar	e.	de gran conocimiento o sabiduría
____ 6.	encerrar	f.	de precio elevado
____ 7.	enterrar	g.	casilla pequeña para vigilantes
____ 8.	enterar	h.	ponerle cera a algo
____ 9.	garita	i.	informar acerca de algo
____10.	garrita	j.	vehículo con ruedas

Respuestas

Capítulo preliminar

NOTA: En aquellos casos en que se acepte más de una respuesta, la respuesta opcional se indicará entre paréntesis.

Diptongos y triptongos

P-1

  1. F   **2.** C   **3.** F   **4.** C   **5.** C

P-2

  2. X **4.** X **5.** X **6.** X **8.** X **9.** X **10.** X **11.** X
  12. X **14.** X **15.** X **16.** X **17.** X **18.** X **20.** X

División de sílabas

P-3

1. ex-tran-je-ro	**2.** pai-sa-je	**3.** rin-cón	**4.** ins-truc-ción
5. de-li-ca-do	**6.** di-ciem-bre	**7.** gui-ta-rra	**8.** al-men-dra
9. es-tu-diéis	**10.** at-le-ta / a-tle-ta	**11.** cons-truc-ción	**12.** par-que-ci-to
13. in-nu-me-ra-ble	**14.** tec-no-ló-gi-co	**15.** ve-í-a	**16.** des-pa-cio
17. ca-ba-lli-to	**18.** in-fluen-cia	**19.** al-mo-ha-da	**20.** des-cu-brien-do

P-4

  1. X   **2.** X   **5.** X

Acentuación

P-5

1. A   **2.** E   **3.** E   **4.** L   **5.** A   **6.** A   **7.** S   **8.** A
9. L   **10.** E   **11.** A   **12.** L   **13.** L   **14.** S   **15.** L

P-6

1. mo-vi-<u>mien</u>-to   **2.** ca-ba-<u>lle</u>-ro   **3.** en-ten-<u>der</u>   **4.** re-ci-<u>bie</u>-ron
5. can-<u>cio</u>-nes   **6.** <u>cuan</u>-do   **7.** <u>ma</u>-gia   **8.** sar-<u>cas</u>-mo
9. co-<u>he</u>-te   **10.** u-ni-ver-si-<u>dad</u>   **11.** <u>to</u>-rres   **12.** ki-lo-<u>li</u>-tro
13. <u>al</u>-guien   **14.** vio-<u>len</u>-cia   **15.** re-<u>loj</u>   **16.** ins-<u>truir</u>

P-7

1. si / se / te/ mi   **2.** Si / te / de / té   **3.** dé / Él
4. sí / aún / cuándo   **5.** qué / cuánto / el   **6.** Qué / que / el / de
7. quién / está / tu   **8.** sé / cómo / el   **9.** Tú / tu / qué / él / el
10. mí / más   **11.** Cómo / se / te   **12.** mas / cuál

P-8

1. te / que / Aún   **2.** Cuando / tu / Te / que / sé / qué   **3.** dé / mi / porque / porqué

P-9

1. francés / franceses   **2.** ocasiones / ocasión
3. régimen / regímenes   **4.** carácter / caracteres
5. órdenes / orden   **6.** árbol / árboles
7. fáciles / fácil   **8.** decimotercero / decimoterceros
9. histórico-social / histórico-sociales   **10.** espécimen / especímenes

Mayúsculas

P-10

1. La Dra. Méndez enseña en la universidad de Notre Dame. Ella es española y me ha invitado a pasar la Semana Santa con su familia en Sevilla.
2. El Sr. Velázquez, que trabaja para el estado, está encargado de contrastar los datos del Departamento de Trabajo con los del Seguro Social para conceder las pensiones de jubilación.
3. Mi amiga es republicana y su novio es demócrata, pero no permiten que sus afiliaciones políticas interfieran en su relación. Aunque él no los comparte, ella está muy comprometida con los ideales del GOP.

4. El viernes 11 de mayo, en la Feria del Libro en Español que se llevó a cabo en Los Ángeles, California, la Academia Norteamericana de la Lengua presentó la *Ortografía básica de la lengua española*.

5. Del río Colorado sale el agua para varios estados del Sudoeste. El río nace al pie de las montañas Rocosas y desemboca en el golfo de California.

6. El papa Benedicto XVI hizo una visita a La Habana, Cuba, en 2012. Durante su visita Su Santidad sostuvo una conversación privada con el General de Ejército Raúl Castro en el Palacio de la Revolución.

P-11

La Biblioteca Palafoxiana, cuyo recinto se encuentra en la ciudad de Puebla, México, es conocida como la primera biblioteca pública de las Américas. Fue fundada en septiembre de 1646 por el obispo Juan de Palafox y Mendoza al hacer él una donación de unos cinco mil volúmenes, los que habían de ponerse a la disposición del público. La colección particular del obispo incluía obras de temática tan variada como teología, escrituras sagradas, historia, humanidades, literatura, matemáticas, entre las cuales se encuentra uno de los libros más antiguos: *Los nueve libros de la Historia* del historiador griego, Heródoto. Hoy en día la biblioteca cuenta con más de 40,000 volúmenes. En julio de 2005 la UNESCO la incluyó en su Registro Memoria del Mundo por ser la primera biblioteca pública de América.

P-12

1. Al viajar por la carretera de Cuernavaca a Taxco pudimos ver los volcanes Popocatéptl e Ixtaccíhuatl, llamados cariñosamente Popo e Ixta por los mexicanos.

2. En la Basílica de Guadalupe había mucha gente de rodillas, algo impresionante para todos nosotros. Muchos llevaban imágenes de la Virgen, otros rezaban ante el Sagrado Corazón de Jesús.

3. En la Ciudad de México, cuando estábamos cerca del Monumento a Cuautémoc, Anita se dio cuenta de que había perdido su cartera donde llevaba su pasaporte y otros documentos importantes. Tuvimos que ir a la Embajada Americana, ubicada en el Paseo de la Reforma, para reportar su pérdida.

La puntuación

P-13

1. Mis padres me han hecho dos regalos con motivo de mi graduación: uno, dinero en efectivo para comprar lo que yo quiera, y otro, una semana de vacaciones en las playas de Cozumel.

2. No sé si comprar un teléfono móvil nuevo (el que tengo es un modelo anticuado) / —el que tengo es un modelo anticuado—, un *iPad* o un *laptop*… cosas que me van a hacer falta cuando vaya a la universidad.

3. El profesor de historia nos aconsejó que leyéramos sobre los efectos de la Guerra Civil (capítulos 10-12) más el artículo de una revista. Quedé estupefacto cuando oí a Jorge preguntar: "¿Va a estar eso en el examen?" ¡Qué barbaridad! ¡Qué pregunta!

5. Miguel de Cervantes (1547–1616) participó en la batalla de Lepanto, Grecia, donde perdió el uso de la mano izquierda. Un dato curioso es que Cervantes y Shakespeare murieron el mismo año: uno en Madrid, el otro, en Inglaterra.

6. Las instrucciones (páginas 20–25) están en inglés, pero la ilustración (fig. 21) que aparece en la página 26 está en español.

7. ¿Por qué será que las fábulas tradicionalmente empiezan con "Érase una vez…" o "Había una vez…"? Cuando eras niño/a ¿leías fábulas de Esopo?

8. La famosa frase *vini, vidi, vinci*, o sea, "llegué, vi, vencí" se le atribuye a Julio César, una de las figuras más sobresalientes de la historia de Roma.

P-14

—Apúrate, Roberto. La terraza todavía está sin barrer.

—Ya voy. Oye, ¿a qué hora crees que lleguen Marisa y Pablo?

—Pues siempre son los primeros en llegar, pero…¡ Válgame Dios! Se me olvidó comprar los platos de papel.   Tengo que ir al mercado.

Marta, un poco agitada, sale de casa corriendo. Desde el auto le grita a Roberto:

—Por favor, Beto, ¿por qué no llamas a Marisa y le dices que vengan un poco más tarde?

—Pero todavía hay que preparar la comida.

—Seguro que la puedes terminar de preparar tú —le dice ella con una sonrisa.

Roberto, refunfuñando *(muttering)*: "Sí, claro, ella se va y como siempre, me toca a mí prepararlo todo para que todo esté listo antes de que lleguen los invitados. ¡AGGGH!"

De pronto Roberto se da cuenta de que Marta se ha llevado el teléfono y no puede llamar a Marisa. Con una sonrisa malévola piensa, "¡Ja! ¡Ja! ¡Ja! ¡A ver quién ríe el último."

La oración y sus elementos principales

P-15

1. X   4. X   5. X

P-16

1. copulativos   2. predicado   3. preposición
4. complemento directo 5. intransitivo, complemento directo

P-17

El *espanglish* es un fenómeno sociolingüístico que se escucha por todas partes de los
art.   art.   N   A   V   A   art.

Estados Unidos donde hay hispanohablantes. Es un fenómeno más natural de lo que parece.
                             N   V   A   V

Aunque muchas personas lo rechazan, el *espanglish* resulta para otros individuos una forma de
                   N   V   N   A   N   N

comunicación muy creativa.
     N   A

P-18

1. Julia es voluntaria en un centro de niños.
   S   V   C-pr   C-cir

2. Ella les va a enseñar una canción durante la hora del recreo.
  S C-ind V   C-dir   C-cir

3. Va a ayudarlos con las tareas escolares.
        V   C-dir

4. Una voluntaria debe tener mucha paciencia y ser muy compasiva.
      S   V   C-dir   V   C-pr

P-19

1. A Elena le gustó la película porque en ella no pusieron escenas de violencia. (porque no pusieron escenas de violencia en ella./ porque no pusieron en ella escenas de violencia)

2. Se divirtió mucho y pudo disfrutar de un rato agradable en compañía de sus amigos.

3. Ella leyó en el periódico (En el periódico ella leyó) la reseña que hizo el crítico de cine.

Oración simple y oración compuesta

P-20

1. C   **2.** S   **3.** C   **4.** C

P-21

1. En su estilo personal, el español Santiago Calatrava combina el mundo de la arquitectura con los principios rígidos de la ingeniería.

2. Después de que terminó sus estudios de arquitectura en España, Calatrava se matriculó en el Instituto Federal de Tecnología en Suiza, donde estudió ingeniería civil.

3. <u>Aunque Calatrava es conocido principalmente como arquitecto</u>, es también un prolífico escultor y pintor.
4. Las numerosas estaciones de trenes <u>que ha diseñado</u> son alabadas *(praised)* por su amplio y cómodo espacio.
5. La luz y el color blanco son un reflejo de su Valencia natal y también de su herencia mediterránea.

Capítulo **1**

NOTA: **En aquellos casos en que se acepte más de una respuesta, la respuesta opcional se indicará entre paréntesis.**

Vocabulario

1-1

1. herramienta 2. entorno 3. prueba 4. eliminar 5. asomar

1-2

1. empresas / hoy en día / comportamiento (entorno) 2. deprimente / eficacia
3. Asimismo (Así pues) 4. restar 5. entorno
6. A saber 7. carcajadas 8. herramienta 9. asomar 10. promover

1-3

1. de hecho 2. asimismo 3. entorno 4. a la vez
5. eficacia 6. restar 7. a saber 8. envolver

Del verbo: persona, número, modo y tiempo

1-4

1. indicativo 2. imperativo 3. indicativo
4. subjuntivo 5. subjuntivo

1-5

1. apuntar	**2.** recordar	**3.** tener	**4.** despedir
5. escribir	**6.** probar	**7.** conducir	**8.** traer

1-6

1. sujeto	**2.** tiempo	**3.** compuestos
4. -ir	**5.** el número / el modo	

1-7

1. C	**2.** F	**3.** F	**4.** C	**5.** C

1-8

1. 3ª. persona / singular / futuro / indicativo
2. 1ª. persona / singular / presente / indicativo
3. 2ª. persona / singular / presente / subjuntivo
4. 3ª. persona / plural / condicional / indicativo
5. 1ª. persona / plural / presente / subjuntivo

Presente de indicativo: formas

1-9

1. enviamos	**2.** reúnes	**3.** prohíben	**4.** acentúa
5. confía	**6.** guían	**7.** envío	**8.** rehúsan
9. continúo	**10.** actuamos		

1-10

1. conduzco	**2.** dirijo	**3.** conozco	**4.** escojo
5. sigo	**6.** convenzo	**7.** consigo	**8.** vuelvo

1-11

1. caben / quepo	**2.** ofrezco / ofrece	**3.** envío / envías
4. protegen / protejo	**5.** rehúye / rehuimos	**6.** distingo / distingues
7. traducen / traduzco	**8.** ejerzo / ejerce	

1-12

1. duerme / dormimos	2. hago / Supongo	3. cuezo / hiervo / mezclo
4. vuelve / despido / doy / da	5. huele / dices	6. voy / tuerzo / sigo
7. dice / oye	8. Conoces / conozco / sé	9. distribuye / entiende
10. caben / tiene		

1-13

Las respuestas variarán.

1-14

1. sé	2. puedes	3. doy	4. sigues
5. veo	6. distrae	7. atribuyo	8. quiero
9. recomiendo	10. Conozco	11. puedes	

Usos del presente de indicativo

1-15

1. Creo que la veo mañana.
2. Niños, se portan bien.
3. Vienen en autobús.
4. ¿Me ayudas a mover esta mesa?
5. ¿Proponemos otro itinerario?
6. Por poco pierde su trabajo.
7. María lleva una parka porque hace frío.
8. Tú te callas ahora.

Construcciones reflexivas

1-16

1. Me despierto	2. se levantan	3. nos desayunamos	4. se baña
5. vestirme	6. maquillarme	7. peinarme	8. me alegro
9. se enfadan	10. nos divertimos	11. nos reunimos	12. Me siento

1-17

1. Tan pronto como llega a casa, Celia se quita los zapatos y se pone las sandalias.
2. Me arrepiento de cortarme el pelo; ahora me doy cuenta de que me veo mejor con el pelo largo.
3. Si no me equivoco, no es buena idea lavarte (lavarse) el pelo todos los días.
4. Los chicos (muchachos) siempre se quejan porque tienen que cepillarse los dientes antes de acostarse.

1-18

1. vuelvo / pongo / relajarme
2. me duermo / Me parece / aburren
3. niega / conduce
4. se parece / Se conduce
5. me voy

1-19

1. se parecen
2. se visten
3. me acuerdo
4. se encontró
5. parece
6. se enfadó
7. volvería
8. negaba

1-20

1. X
4. X
6. X

1-21

1. No nos vemos a menudo (con frecuencia), pero nos comunicamos por Internet.
2. Normalmente los hombres se dan la mano para saludarse.
3. Están tristes porque tienen que despedirse (decirse adiós).
4. Se escuchan con atención (atentamente) y se dicen (cuentan) todos sus secretos.
5. Nos contamos chistes todo el tiempo.

Verbos que expresan idea de cambio

1-22

1. llega (llegará) a ser
2. nos quedamos (nos ponemos)
3. convertirse
4. hacerse
5. ponerse
6. se vuelve
7. convertirse
8. me quedo
9. se hacen (se vuelven)
10. se vuelven (se hacen)

Interrogativos

1-23

1. ¿Qué (tan) difícil puede ser?
2. ¿Cómo son las playas de México?
3. ¿Cuál es la velocidad máxima (el límite de velocidad) aquí?
4. ¿Cómo se llaman los nuevos socios (miembros)?
5. ¿De quién son estos *comics* (estas historietas)?

1-24

1. Cuántos
2. Quién
3. Cómo
4. Cuál
5. Qué
6. Cuál
7. qué
8. qué
9. Cuál
10. Cuánto

1-25

1. ¿Cuánto dinero tienes en la cartera?
2. ¿Cómo vienes a la universidad normalmente?
3. ¿Dónde está el teléfono?
4. ¿Qué día es hoy?
5. ¿De qué color es tu carro?
6. ¿Por qué no vas a la piscina?
7. ¿De dónde eres?
8. ¿Cómo es él?
9. ¿De quién es ese *iPad*?
10. ¿Qué suéter te gusta más? *('Cuál' es posible en Latinoamérica).

1-26

1. Qué
2. Cuáles
3. Cuál
4. Qué
5. Qué

Exclamativos

1-27

1. c
2. b
3. a
4. b
5. a

1-28

1. Qué / cómo
2. Quién
3. Cuánto
4. Qué / cuántas
5. Cómo

Repaso de acentuación

1-29

1. envías
3. gradúas
4. prohíbe
5. acentúan

1-30

1. como
2. que
3. Cuáles
4. donde
5. quienes
6. Qué

Ortografía: c, s, z

1-31

sencillez	paciencia	cruces	toser
conducir	propulsión	González	avaricia
lápices	comercio	centavo	cocina
meses	oficial	pasión	explosión
ocasión	diferencia	ofrezco	justicia
Martínez	actriz	aparecer	pez
democracia	cruz	canadiense	conocimiento
utilizar	países	izquierdo	pureza

1-32

1. vez / cosida
2. has / haz / hasta
3. cocida / abrasarla
4. Siento / cenado
5. concejo / cazar
6. sesión / senado
7. abrazó
8. casó
9. consejo / azar
10. ciento

1-33

1. merecer
2. traduzco
3. países
4. produce
5. actrices
6. comienzan
7. hacer
8. lapicito
9. grandeza
10. japonés

NOTA: En aquellos casos en que se acepte más de una respuesta, la respuesta opcional se indicará entre paréntesis.

Vocabulario

2-1

1. animada
2. pecado
3. desarrollar
4. relegar
5. adquirida

2-2

1. b 2. c 3. c 4. a 5. c 6. b 7. c 8. a

2-3

1. relegadas
2. Asimismo
3. atrajo (atraía)
4. ensombrecida
5. rebatió
6. impuso

El pasado: pretérito e imperfecto

2-4

1. C 2. F 3. C 4. C 5. F

Pretérito: formas

2-5

1. sorprendió
2. pasó
3. leí
4. atribuyó
5. averigüé
6. hubo
7. sobresalieron
8. reconoció
9. puse
10. estudió
11. se dedicó
12. ocurrió
13. fue
14. se graduó
15. se casó
16. decidió

2-6

1. empezó	2. me levanté	3. me duché	4. desayuné
5. salí	6. Saqué	7. empecé	8. llegué
9. tuve	10. contesté	11. devolví	12. dejaron
13. transcurrió	14. salí	15. me fui	16. pedí
17. comí	18. tuve	19. caminé	20. volví
21. terminé	22. Recogí	23. apagué	24. dije
25. volví			

2-7

1. di	2. me olvidé	3. Pensé	4. Fui
5. compré	6. seguí	7. hubo	8. pude
9. Estuve	10. oí	11. comí	12. llamé
13. hablamos	14. llegué	15. estuviste	16. creyó
17. me quité	18. me duché	19. hice	20. nos sentamos
21. vimos	22. me acosté	23. me dormí	

Usos del pretérito

2-8

1. Indica un cambio repentino (de repente).
2. Informa de una acción terminada en el pasado (1956).
3. Informa sobre un hecho que tuvo lugar en un período de tiempo determinado.
4. Expresa acciones terminadas en una secuencia temporal.
5. Informa sobre hechos ocurridos en un período de tiempo determinado.
6. El pretérito indica una acción que interrumpe otra en progreso.

2-9

1. ¿Qué sirvieron?	2. ¿Qué (le) pediste?	3. ¿Dónde durmió?
4. ¿De qué se rio?	5. ¿Qué te pusiste?	6. ¿Por qué riñeron?
7. ¿Qué dijiste?	8. ¿Dónde se despidieron?	9. ¿Qué trajiste?
10. ¿Dónde se vistieron?		

2-10

1. estuvo / estuvimos	2. propuso / propusieron	3. dispuso
4. Hubo	5. dijeron / dije	6. intervino
7. compusieron	8. atrajo	9. introdujo
10. predijeron		

Imperfecto de indicativo: formas

2-11

1.	enviaba	**2.**	viajaban	**3.**	pagaba	**4.**	leían
5.	había	**6.**	mandaba	**7.**	daban	**8.**	iba / tardaba

Usos del imperfecto de indicativo

2-12

1. Mi madre nos llevaba a la playa cada verano.
2. Amalia tenía diez años en 2005.
3. Dijo que nos iba a llamar más tarde.
4. No me encontraba (sentía) bien ayer.
5. Quería pedirte un favor.
6. (Él) Iba al mercado.

Diferencias entre el pretérito y el imperfecto de indicativo

2-13

1. <u>Era</u> describe la condición de ser rico. <u>Fue</u> sugiere que terminó la condición de ser rico (ya no es rico).
2. <u>Tuve</u> sugiere que la visita al mercado se efectuó. <u>Tenía</u> sugiere que existía la necesidad de ir al mercado pero no se efectuó el hecho de ir.
3. <u>Sabían</u> sugiere que tenían el conocimiento previo del hecho. <u>Supieron</u> sugiere que se enteraron o se dieron cuenta del hecho en un momento determinado (ayer).
4. <u>No quise</u> quiere decir que se negó a ir con ellos. <u>No quería</u> sugiere que antes de que lo/la invitaran ya no tenía la intención o el deseo de ir con ellos.
5. <u>Podía</u> indica que tenía la habilidad o capacidad para llamarnos aunque no lo hiciera. <u>Pudo</u> sugiere que se efectuó el hecho de llamarnos.

2-14

1.	fue (era)	**2.** Era	**3.**	entraba / preguntaba	
4.	sugerían / explicaba / Era	**5.** pedía	**6.**	se olvidó / sonó	
7.	tomó / contestó	**8.** Era / preguntaba	**9.**	respondió / estaba / sabía / sabía	
10.	se oyó				

2-15

1. se casaron	**2.** se celebró	**3.** llegaron	**4.** eran
5. estaban	**6.** era	**7.** había	**8.** hacía
9. iban	**10.** llevaba	**11.** vestía	**12.** entraron
13. esperaba	**14.** empezó	**15.** leía	**16.** escuchaban
17. Me fijé	**18.** lloró (lloraba)	**19.** puso (ponía)	**20.** vi
21. sonreían	**22.** declaró (declaraba)	**23.** terminó	**24.** felicitaban
25. tiraron (tiraban)	**26.** nos dirigimos	**27.** quedaba	**28.** fue
29. resultaron			

2-16

1. tuvo	**2.** podían	**3.** permitía
4. ocurrió	**5.** vino	**6.** defendían (defendieron)
7. opinaban (opinaron)	**8.** estaban	**9.** argüían (arguyeron)
10. podía	**11.** tomaron	**12.** eran
13. consideraban (consideraron)	**14.** apoyaron	**15.** alzó
16. defendió	**17.** hacían	**18.** fueron
19. pretendían	**20.** rebatió	**21.** se oponían
22. prevaleció	**23.** aprobó	**24.** pudieron

2-17

1. En 1931.
2. El sistema político era la república.
3. Las mujeres no estaban preparadas para ejercer el derecho al voto. Las mujeres son histéricas por naturaleza.
4. Sí, podían ser elegidas.
5. Clara Campoamor. Victoria Kent y Margarita Nelken.
6. El voto fue de 161 votos frente a 121.
7. En 1933.

2-18

1. Cuando estaba en la escuela secundaria solía jugar al baloncesto con mis amigos los viernes.
2. Quiso llamarte, pero no tenía su teléfono móvil.
3. Siempre quiso mucho a sus hijos.
4. Tomás acababa de llegar cuando lo llamé.
5. Hacía mucho tiempo que Pilar trabajaba en finanzas (Pilar trabajaba en finanzas hacía mucho tiempo) cuando yo la conocí.
6. Hace mucho tiempo que Pilar trabajó en finanzas. (Pilar trabajó en finanzas hace mucho tiempo.)

7. Amalia acabó (terminó) de escribir su novela la semana pasada.
8. No supe que era escritora hasta que Clara me lo dijo.
9. Mis padres conocieron a mi novio ayer.
10. Mi hermano ya lo conocía.

Artículo definido

2-19

1. del	2. las	3. de él	4. Ø	5. el
6. El	7. El / el	8. del (de)	9. al	10. Lo

2-20

1. el	2. la	3. el (Ø) / el	4. La
5. la / las	6. el (Ø)	7. las	8. del / Ø
9. el / el	10. Ø / el	11. Ø	12. al / Ø / Ø / Ø
13. del	14. Ø (el) / al / del	15. las / los	16. el / la / Ø
17. la	18. los / las / los	19. Lo	20. Ø (El)

2-21

1. Se duchó (se bañó) cuando llegó a casa.
2. Normalmente desayuna en la mesa de la cocina.
3. Elena estudia psicología en la universidad.
4. Me lavo el pelo cada dos días.
5. Los martes y los jueves tengo clase de yoga a las 9.
6. El Dr. (La Dra.) Mariño enseña (da clase de) español básico.
7. No me di cuenta de lo alto que es hasta que lo vi.
8. Se dice que el rey Carlos III fue el mejor alcalde de Madrid.
9. Caminamos por la Avenida Santa Fe cuando estuvimos en Buenos Aires.
10. Me encanta oír el cantar de los pájaros.

Artículo indefinido

2-22

1. Ø	2. Ø / Ø	3. un	4. un / Ø (un)	5. un
6. Ø	7. Ø / Ø	8. Unas (Ø)	9. un	10. un
11. Ø	12. un	13. un	14. Ø (unas)/ una	15. Ø / Ø

2-23

1. ¡Qué día más bonito!
2. tal cosa
3. unas cien
4. otro
5. un famoso dramaturgo español
6. mil
7. una arquitecta
8. bicicleta

Verbos impersonales

2-24

1. amanece
2. Precisaba
3. diluvió
4. estuvo
5. escampó
6. Parecía
7. amaneció
8. llueve
9. hace

2-25

1. Esta mañana amanecí de mal humor.
2. Nevaba, por eso decidimos quedarnos en casa.
3. Pensé que no convenía salir a caminar mientras lloviznaba.
4. Escampó al amanecer. Después de eso, hizo muy buen tiempo.
5. Tronó toda la noche. Parecía asustar a todos (todo el mundo).

Repaso de acentuación

2-26

1. queríamos / pudimos
2. hizo / llovió / nevó
3. vino / fue / llegábamos
4. trajo / puso
5. impidió / presenté

Ortografía: b, v

2-27

servimos	bloque	convento	inscribir
advertir	fiebre	emblema	versos
aburrido	cubierto	privacidad	escuchaban
obviamente	gobierno	prohibir	sabor
nervioso	jabón	invertir	ambición
vanidad	evidencia	habitual	iban
novicia	recibimiento	rivalidad	evolución
avispa	obispo	hervir	selva

2-28

1. reveló / barón 2. tuvo 3. vello 4. haber
5. rebelaron 6. bienes 7. vello / bello 8. votas
9. ver 10. sabia 11. botas 12. varón
13. tubo 14. savia / A ver 15. vienes

2-29

1. e 2. c 3. h 4. a 5. g 6. j 7. f 8. b 9. d 10. i

Capítulo 3

NOTA: En aquellos casos en que se acepte más de una respuesta, la respuesta opcional se indicará entre paréntesis.

Vocabulario

3-1

1. utilizar 2. convertir 3. diseñado 4. sencillo
5. atravesar 6. dibujo

3-2

1. desarrollo 2. inverosímil 3. cotidiana 4. agujero
5. atónitos 6. añadió 7. aprehender 8. capaz
9. hacen falta 10. A medida que

3-3

1. proponer 2. perfilar 3. atravesar 4. avanzado
5. acertar 6. dispositivo 7. a medida que 8. disponible

Futuro y condicional: formas y usos

3-4

1. habrá	**2.** tendrán	**3.** será	**4.** podrán
5. bajarán	**6.** inventarán	**7.** reemplazarán	**8.** harán

3-5

1. podría	**2.** haría	**3.** estaría	**4.** viviría
5. tendría	**6.** actualizaría	**7.** llamaría	**8.** sabría

3-6

1. iremos	**2.** Pasaremos	**3.** Haremos	**4.** Saldremos

3-7

1. va a durar	**2.** voy a descansar y (a) dormir	**3.** van a ir
4. va a haber	**5.** va a querer **6.** voy a decirle	

3-8

1. Serán las dos en punto.	**2.** ¿Dónde estará Marta?	**3.** Te llamaré más tarde.
4. ¿Llegarán a tiempo?	**5.** No saldrás esta noche.	

3-9

1. Me pregunto si es un nuevo invento. Probablemente es un nuevo invento. Debe de ser un nuevo invento. Será un nuevo invento.
2. Me pregunto si viven cerca de aquí. Probablemente viven cerca de aquí. Deben de vivir cerca de aquí. Vivirán cerca de aquí.
3. Me pregunto si hay una fiesta en la casa de enfrente. Probablemente hay una fiesta en la casa de enfrente. Debe de haber una fiesta en la casa de enfrente. Habrá una fiesta en la casa de enfrente.
4. Me pregunto si quiere que la ayudemos. Probablemente quiere que la ayudemos. Debe de querer que la ayudemos. Querrá que la ayudemos.
5. Me pregunto si cuesta mucho dinero. Probablemente cuesta mucho dinero. Debe de costar mucho dinero. Costará mucho dinero.

3-10   Las respuestas variarán. Respuestas sugeridas:

1. Estaría muy ocupado.	**2.** No estaría en casa.	**3.** Estaría en la biblioteca.
4. Irían a una fiesta.	**5.** Tendría (Estaría) su auto en el taller.	

3-11

    1. ¿Podrías llevarme al aeropuerto esta noche?   **2.** Desearía hacerle unas preguntas.

    3. Preferiría no hablar de ese tema.   **4.** Deberías acostarte ya.

3-12

    1. Gonzalo dijo que vendría a las cinco.

    2. Pensé (Pensaba) que aceptaría nuestra oferta.

    3. El presidente sabía (supo) que la oposición no apoyaría sus propuestas.

    4. Me pareció (Me parecía) que no habría problemas con el proyecto.

    5. Suponía (Supuse) que tendríamos que pedir permiso para hacer eso.

3-13

    1. ¿Podría usar tu teléfono móvil?

    2. No deberías (debería Ud.) contestar tus (sus) mensajes cuando estás (está) en clase.

    3. No se lo llevaría Mirta, ¿verdad?

    4. Me gustaría hablar contigo (con Ud.) hoy o mañana.

    5. Serían las 9 cuando llamó.

    6. Iría contigo (con Ud./Uds.) pero no tengo tiempo.

Verbos que traducen *to be:* ser, estar, tener, haber, hacer

3-14

1. están	**2.** son	**3.** es	**4.** fueron
5. Estamos	**6.** está	**7.** está	**8.** estaría
9. serán	**10.** estarán		

3-15

1. soy / es	**2.** estamos	**3.** es/ estuvo	**4.** estamos / es
5. son	**6.** estuvimos	**7.** somos	**8.** estábamos
9. eran	**10.** fue		

3-16

    1. Enrique is very bored.

    2. Enrique is very boring.

    3. The apples are not ripe.

4. The apples are green.
5. Luz's grandmother is alive.
6. Luz's grandmother is very smart.

3-17

1. son	**2.** eran	**3.** estaban	**4.** Fue	**5.** son
6. eran	**7.** es	**8.** estar	**9.** es	

3-18

1. c   **2.** j   **3.** i   **4.** b   **5.** d   **6.** h   **7.** e   **8.** f   **9.** g   **10.** a

3-19

1. a   **2.** c.   **3.** b.   **4.** b.   **5.** c

3-20 Respuestas sugeridas:

1. tiene sed	**2.** tengo catarro
3. teníamos sueño	**4.** tuvo la culpa
5. Tuvo (Tiene) (mucha) suerte	**6.** Tiene (20) años. (Tiene ganas de celebrarlo)
7. tengo prisa	**8.** Tiene éxito

3-21

1. Hubo (había)	**2.** había	**3.** habría	**4.** había
5. hay	**6.** Hay	**7.** habrá	

3-22

1. Hace mucho calor hoy.
2. Tú eres amigo de Carlos, ¿verdad?
3. Alicia y Ana tienen razón. Debemos tener cuidado con él.
4. No tengo ganas de (me apetece) salir hoy. Llueve (Está lloviendo) y tengo que estudiar.
5. Marcos tiene 23 años, ¿no?
6. ¿Por qué estás tan cansado hoy? ¿Estás enfermo/a?
7. Valentina Tereshkova fue la primera mujer astronauta.
8. La clase de mañana será en el laboratorio a las 3.

El gerundio o participio presente: formas

3-23

1.	Saliendo	**2.**	Hablando	**3.**	Preguntando	**4.**	Comiendo
5.	Sabiendo	**6.**	Viviendo	**7.**	Siguiendo	**8.**	Yendo

Usos del gerundio

3-24

1. Conociendo a mi marido, sé que llegaremos tarde.
2. Mientras estábamos en Madrid, decidimos visitar Toledo.
3. TEOIGO va a lanzar su nuevo plan de llamadas la semana que viene.
4. *Bañándose en la playa* es el nombre de una pintura de Joaquín Sorolla.
5. Siguió hablando con Emilia aunque era tarde.
6. Volvieron hablando de la película.
7. Lo que más le gusta (lo que más disfruta) es hablar con sus amigos (amigas).
8. El hombre que habla (está hablando) con los empleados es el gerente.
9. No la vimos hasta el día siguiente.
10. Los/Las vi jugar (jugando) al fútbol.

Tiempos progresivos

3-25

1. Sergio está actualizando su perfil en Internet.
2. Una estudiante está consultando su teléfono.
3. Unos estudiantes están leyendo unas revistas.
4. Un profesor está charlando con sus estudiantes.
5. Matilde le está pidiendo (está pidiéndole) un chicle a José Manuel.
6. Sebastián y Diego están estudiando juntos.
7. Carmen y Jacinto se están riendo (están riéndose).
8. Jorge está oyendo música en su *iPod*.

3-26

1. estaban preparándose (se estaban preparando)
2. estaban viendo
3. estaban explicando

4. estaban intentando
5. estaba manejando
6. estábamos comiéndonos (nos estábamos comiendo)
7. estaba llorando
8. estaba abrazando
9. estábamos deseando

3-27

1. Cuando entré él estaba acostado en el sofá.
2. Espera. Me falta (hace falta) mi billetera.
3. Cuando lo vi estaba sentado en su sillón favorito.
4. Sigue llamándome pero no quiero verla (la quiero ver).
5. Tenemos (Estamos teniendo) muchos problemas estos días.

Usos del infinitivo

3-28

1. Antes de decidirme
2. por ser
3. Después de graduarme
4. sin decir "adiós" (sin despedirse)
5. Al llegar
6. en llevarme
7. cruzar (atravesar)
8. (El) Reír
9. No estacionar (No aparcar)
10. nadar

3-29

1. decir
2. Querer
3. (El) Viajar
4. Viajando
5. tocar
6. pedir
7. molestando
8. Caminando
9. (El) Ser
10. gritando
11. hablar (hablando)
12. entrar (entrando)

Repaso de acentuación

3-30

irá / había / acompañaría / será / sé / darán / enviaremos / gustará / hemos / habría / algún / artículo / sería / seguirán

Ortografía: que, qui, cue, cui

3-31

peque<u>ñ</u>o	ar<u>que</u>ólogo	a<u>cue</u>ducto
des<u>cue</u>nto	a<u>que</u>llos	<u>que</u>ja
<u>que</u>so	fre<u>cue</u>ncia	or<u>que</u>sta
ra<u>que</u>ta	delin<u>cue</u>nte	enri<u>que</u>cer
<u>cue</u>sta	co<u>que</u>ta	du<u>que</u>
<u>que</u>mar	va<u>que</u>ro	<u>cue</u>stionario

3-32

mos<u>qui</u>to	cir<u>cui</u>to	chi<u>qui</u>to
es<u>qui</u>ar	des<u>cui</u>dado	<u>qui</u>nientos
e<u>qui</u>po	<u>qui</u>tar	cos<u>qui</u>llas
ta<u>qui</u>lla	<u>qui</u>nto	ma<u>qui</u>llaje
al<u>qui</u>lar	<u>qui</u>mioterapia	mante<u>qui</u>lla
es<u>qui</u>na	<u>qui</u>nceañera	<u>cui</u>dadoso

Capítulo **4**

NOTA: En aquellos casos en que se acepte más de una respuesta, la respuesta opcional se indicará entre paréntesis.

Vocabulario

4-1

1. itinerario   2. humillación   3. separar   4. abandonado   5. ocultado

4-2

1. homenaje   2. matanza   3. heridos   4. salvaje
5. entregaron   6. comprometidos   7. se destacó   8. coreaba (coreó)
9. apoyaron (entregaron) (grabaron)   10. elogios

4-3

1. albor   2. gastado   3. herir   4. salvaje
5. apoyar   6. oprimido   7. entregar   8. destacarse

El participio pasado: formas

4-4

1. comprometidos   2. escritas   3. despertado   4. inaugurada
5. construido   6. preso   7. confundido   8. confusa
9. satisfecho   10. descubierto   11. fritos / revueltos   12. oídos

4-5

1. producido   2. concedido   3. dirigido   4. escrito
5. maltratada   6. sometida   7. Conocida   8. aceptado

4-6

1. salida   2. hecho   3. dichos   4. huida   5. impresos

4-7

1. El plato está roto.   2. Los artículos están traducidos.
3. La carta está impresa.   4. La mesa está puesta.
5. Los recados están hechos.   6. Sus abuelos están muertos.

Tiempos perfectos del modo indicativo

4-8

1. han manifestado   2. han usado   3. han participado   4. han expresado
5. han expresado   6. ha reconocido   7. ha apoyado

4-9

Las respuestas variarán.

4-10

Las respuestas variarán.

4-11

1. Habríamos ido
2. habría ayudado
3. habría traído
4. se habrían perdido
5. habría invitado

4-12

1. habría envuelto
2. habrías ido
3. habrá pasado
4. habremos acabado
5. Habrían terminado

4-13

1. había
2. Has
3. había
4. habían
5. habré
6. habría
7. habrá
8. habías
9. hubo
10. he

4-14

1. Les habría mandado (enviado) una invitación, pero no tenía su dirección de *e-mail* (dirección electrónica).
2. Esos cantantes han grabado un álbum (disco) juntos.
3. Lo habrás oído ya, ¿verdad?
4. Antes de publicar *El amor en los tiempos del cólera*, García Márquez ya había escrito otras novelas, como *Cien años de soledad*.
5. ¿Habrán visto ya esa película?
6. Apenas (Tan pronto) hubo (había) terminado la conferencia, empezó el coloquio.
7. Ya son las cinco. Ya habrá terminado (Debe de haber terminado ya).
8. Todos se preguntaban si Marcos habría (había) oído las noticias.
9. Cuando la llamé, no contestó. —Habría dejado el teléfono en el auto.
10. Cuando llegamos, el concierto todavía no había empezado.

Construcciones pasivas

4-15

1. Varias canciones fueron coreadas por un grupo de niños en el concierto.
2. Sus apreciaciones sobre la situación actual son compartidas por mucha gente.
3. El alcalde no había sido visto desde hacía varios días por los vecinos.
4. Cientos de juguetes eran donados por su iglesia cada Navidad para los niños necesitados.
5. Su nueva novela ha sido recibida por el público con entusiasmo.
6. Los pasajeros fueron trasladados en autobús a causa de la huelga de pilotos.

4-16

1. La semana pasada se anunció el premio universitario de poesía comprometida. (El premio universitario de poesía comprometida se anunció la semana pasada.)
2. Se seleccionaron cinco poemas para el premio. (Cinco poemas se seleccionaron para el premio.)
3. Los poemas se analizan en cuanto a técnica, valor poético y mensaje.
4. Se anunciarán los premios mañana. (Los premios se anunciarán mañana.)
5. En el pasado solo se han premiado los poemas originales. (En el pasado solo los poemas originales se han premiado.)

4-17

1. estábamos	2. Fuimos	3. fue	4. estaba
5. fue	6. estaban	7. estaban	8. fue

Hace + *tiempo* + que

4-18

1. hará	2. hace	3. hacía	4. Hacía	5. hace (hará)
6. hace	7. hará	8. hacía	9. hace	10. hizo

4-19

1. No habíamos ido a un concierto desde hacía más de dos años.
2. Hace 10 años que vivo en el mismo apartamento.
3. Vi el *Guernica* por primera vez en Madrid hace 20 años. (Hace 20 años que vi el *Guernica* en Madrid por primera vez.)
4. ¿Cuánto tiempo hace que Rubén juega (ha estado jugando) con la *Wii*?
5. Vimos esa película hace dos semanas. (Hace dos semanas que vimos esa película.)

Gustar y otros verbos similares

4-20

1. nos encantó	2. me dolía	3. le quedaron (le quedaban)
4. le faltan	5. le sorprendieron (sorprenden)	6. le enojó (enojaba)
7. te pareció	8. nos tocaba	9. le encantaba
10. me quedaban		

4-21

1. b   2. c   3. c   4. a   5. c

4-22

1. le dolía   2. le parecía (pareció)   3. le encanta   4. le cayó bien
5. le faltaba   6. les hacía falta   7. le sobraba   8. le cayeron (caían) bien
9. les quedaba   10. nos tocó

4-23

1. Es obvio que compramos demasiado. Nos sobró mucha comida.
2. Siempre me duele el estómago cuando como yogur. No me cae (sienta) bien.
3. No pudo comprar la computadora porque le faltaban unos $100.
4. Estoy preparando unos sándwiches. ¿Gustas uno?
5. ¿Te hiciste daño cuando te caíste?
6. Estoy seguro/a (de) que no le gusto (caigo bien). Le encanta burlarse de mí.

Repaso de acentuación

4-24

Cuando / página / políticos / últimamente / leído / oído / habían / excluido / creían /
integrarlas / oído

Ortografía: h

4-25

1. echo / ojeada   2. ola   3. Hay / honda   4. he / hora   5. onda
6. hecha   7. a   8. e   9. hasta   10. a / habría

4-26

hormiga	histérico	exhibir	huésped
ayudar	coherencia	iban	hambre
hiperbólico	habitual	alcohol	toalla
alucinación	exhausto	horno	oler
huesos	almohada	harina	horizontal
hermosa	inhabilidad	zanahoria	habitante
desinfectar	huelen	orfanato	obligación

hipótesis	ahorrar	deshielo	hogar
helado	reunir	huelga	hacha
deshonra	habitación	hinchado	ahijado
azahar	hoja	cohete	hojalata

Capítulo 5

NOTA: En aquellos casos en que se acepte más de una respuesta, la respuesta opcional se indicará entre paréntesis.

Vocabulario

5-1

1. diversificar **2.** introducción **3.** oscuridad **4.** disminuir **5.** cancelar

5-2

1. meta **2.** promueven **3.** agotamiento **4.** salvaguardar **5.** deparará
6. amenazadas **7.** ensanchado **8.** venideros **9.** desarrollo **10.** reto

5-3

1. salvaguardar **2.** arriesgarse **3.** desarrollo **4.** reto
5. agotamiento **6.** deparar **7.** venidero **8.** ensanchar

Preposiciones

5-4

1. X **2.** X **4.** X **5.** X

5-5

1. Ø / a **2.** A **3.** Ø **4.** a / a **5.** Ø **6.** a **7.** a **8.** a **9.** a **10.** Ø

5-6

1. a	**2.** de	**3.** a	**4.** en / del	**5.** desde
6. a	**7.** En	**8.** a	**9.** en	**10.** de
11. a	**12.** de	**13.** a	**14.** de	**15.** a
16. con	**17.** de	**18.** en	**19.** de	

5-7

1. ¿Puedes traerme (¿Me traes) una taza de café, por favor?

2. La niña iba (estaba) vestida de blanco.

3. Rosalía buscaba (estaba buscando) a Ernesto en la cafetería.

4. Les pidió a sus padres dinero para ir a estudiar al extranjero.

5. ¿A quién invitaste a la cena (a cenar)?

6. Las instrucciones dicen que esa blusa se puede lavar (puede lavarse) a mano.

5-8

1. De /a /de	**2.** de / de	**3.** En /a (de) / a	**4.** En / en / de
5. de / a	**6.** a / a / en /en	**7.** a / en / a	**8.** de / de

5-9

Las respuestas variarán.

Usos de *por* y *para*

5-10

1. Los aviones no salieron por la niebla. **2.** Todo lo que poseo será para ti.

3. Nos quedamos en Chile por tres semanas. **4.** El gato saltó por la ventana.

5. Estudio para aprender. **6.** Me resfrié por no llevar abrigo.

7. Voy a la panadería por pan. **8.** Voy a la peluquería para cortarme el pelo.

5-11

1. Debe estar listo para mañana. **2.** Me lo vendió por muy poco dinero.

3. No asistí por no tener tiempo. **4.** Fui para comprar algo para la cena.

5. Iban para la universidad. **6.** Pienso estudiar para trabajador social.

5-12

1. Fue a (al) Perú para visitar Machu Picchu.
2. Me mandó un mensaje por *Facebook*.
3. Esa candidata salió elegida por sus ideas ecologistas.
4. El mercado no estaba abierto por ser Navidad.
5. Voy en bici a clase para hacer ejercicio y ahorrar gasolina.
6. Hay mucha gente por la calle para ser las 11 de la noche.
7. Dicen que un árbol se salva por cada periódico que reciclas.
8. Debido al cambio climático, muchas especies pueden extinguirse para final del siglo.

5-13

1.	Para	**2.**	Por	**3.**	Por	**4.**	por	**5.**	para
6.	por	**7.**	por / para	**8.**	para (por)	**9.**	por / para	**10.**	Para
11.	por	**12.**	por	**13.**	para	**14.**	para	**15.**	para
16.	por	**17.**	por	**18.**	Por	**19.**	por	**20.**	Para / por

5-14

1. Viajaron por toda Sudamérica.
2. Entraron sin hacer ruido (silenciosamente) para no despertar al bebé.
3. Tuvimos que esperar por lo menos una hora.
4. Por mucho que pidió ayuda, nadie le ayudó.
5. No la entendí. Dijo que llamaría más tarde, o algo por el estilo (así).
6. Mamá dijo que el pollo era para la cena de mañana.

5-15

1.	En	**2.**	de	**3.**	desde	**4.**	a	**5.**	para
6.	de	**7.**	a	**8.**	a	**9.**	Ø	**10.**	en
11.	por	**12.**	Por	**13.**	Ø	**14.**	para	**15.**	para
16.	en	**17.**	por	**18.**	A	**19.**	a	**20.**	por
21.	desde								

Verbos que se usan con la preposición *a* seguida de un infinitivo y los que se usan sin ella

5-16

1. a / a / Ø	**2.** Ø / Ø	**3.** Ø / a	**4.** Ø / a	**5.** a / Ø
6. Ø / a / a	**7.** a / a	**8.** Ø / a	**9.** a / a	**10.** a / Ø / a

Verbos que van seguidos de preposición

5-17

1. de	**2.** de	**3.** en	**4.** de	**5.** con
6. con	**7.** en	**8.** En	**9.** con	**10.** en
11. con	**12.** en	**13.** de	**14.** de	**15.** de
16. en	**17.** en	**18.** de	**19.** con	**20.** en

5-18

1. Quiero disculparme por llegar tarde.
2. Mi hermano menor (hermanito) se dio con la puerta y se hizo daño.
3. ¿Por qué tardaste (te demoraste) tanto en llamarme?
4. Aunque prefiero ir a bailar, (él) se empeña en ir al cine.
5. ¿Decidiste qué modelo comprar?
6. No te preocupes por mí. Puedo cuidar de mí misma/o.

Conjunciones

5-19

1. pero	**2.** e	**3.** ni / ni	**4.** y	**5.** u

5-20
Las respuestas variarán.

Usos de *pero, sino* y *sino que*

5-21

1. sino que
2. pero
3. sino
4. sino que
5. sino
6. pero

5-22

1. No es ni demócrata ni republicano, sino independiente.
2. Quería salir (irme) el fin de semana, pero decidí trabajar.
3. Le gustan la música clásica y la popular, pero solo asiste a conciertos de rock.
4. No canto ni toco un instrumento, pero aprecio todo tipo de música.
5. No me llamó sino que me envió (mandó) un *e-mail*.

Repaso de acentuación

5-23

psicólogo	únicamente	región	estacionaron
Japón	próximo	ruido	también
recuerdos	perdón	leyó	americano
además	cárcel	homogéneo	jóvenes
interpretación	cooperan	animar	portátil

Ortografía: g, j

5-24

exigir	pasajero	agencia	dirigir
espejo	tradujeron	garaje	mensajes
recogieron	privilegiado	religioso	generales
comején	regional	agujero	viajero
ecología	colegiales	origen	geólogo
cirugía	urgencia	sujeto	escogido
aprendizaje	trágico	genial	enojado
manejar	imaginario	ejecutivo	corrigieron
coraje	sexagenario	linaje	relojería

5-25

dijiste	produjeron	dirigió
escogiendo	protegiendo	redujeron
conduje	fingiendo	recogí
exigiendo	exijo	tradujiste

Capítulo **6**

NOTA: En aquellos casos en que se acepte más de una respuesta, la respuesta opcional se indicará entre paréntesis.

Vocabulario

6-1

1. asumir   2. dominio   3. resumen   4. omitir   5. indiferencia

6-2

1. radicó   2. vivencias   3. flujo   4. anhelo   5. compás
6. ligadas   7. recopiló   8. recelo   9. alambre   10. matiz

6-3

1. a   2. c.   3. b   4. a   5. a

Palabras indefinidas afirmativas y negativas

6-4

1. No hay nada de comer en la cocina.
2. No vi a nadie enfrente de tu casa ayer.

3. No voy (ni) al gimnasio ni a la piscina nunca. (Nunca voy (ni) al gimnasio ni a la piscina)
4. Ricardo no viene con nosotros tampoco.
5. No me dieron ninguna instrucción para curar la herida.

6-5

1. ni siquiera	**2.** nunca (jamás)	**3.** nada	**4.** Nunca jamás (Nunca más)
5. ya no	**6.** Más que nunca	**7.** sin decir nada	**8.** Jamás
9. Todavía no.	**10.** más que nada.		

6-6

1. algo	**2.** nada.	**3.** alguna	**4.** alguno (algunos)
5. nadie (ninguno)	**6.** tampoco	**7.** siempre	**8.** nunca (tampoco)
9. Algunos	**10.** o (Ø)	**11.** o	**12.** algún

6-7

1. No, no conozco ninguna.
2. No encontré la información ni en Internet ni en la biblioteca.
3. No, no he contactado con mis representantes en el Congreso nunca. (Nunca he contactado con mis representantes en el Congreso.)
4. No, no creo que nadie pueda ayudarnos con la tarea.
5. No, no he comprado ningún libro más por Internet.

Modo indicativo y modo subjuntivo

6-8

1. S / Esperan <u>que los vaya a buscar al aeropuerto.</u>
2. I / Me dijo <u>que Carlos vivía en Chicago.</u>
3. S / Nunca quiere <u>que nadie la ayude.</u>
4. I / Es obvio <u>que Marisa es muy inteligente.</u>
5. S / Es importante <u>que tengas todos tus documentos en orden.</u>
6. I / No saben <u>que yo no podré venir el sábado.</u>
7. S / Dudo <u>que Maite y Esteban sean tan ricos.</u>
8. S / Le preocupa <u>que no mejore la situación económica.</u>

Presente de subjuntivo: formas

6-9

1.	ofrezcan	2.	diga / vengan	3.	construyan	4.	escojamos
5.	durmamos	6.	den / lleguemos	7.	sepa	8.	cuente
9.	me gradúe	10.	haya	11.	vaya	12.	almuercen
13.	den	14.	seas	15.	vuelvas	16.	quepan
17.	dirija	18.	vean	19.	alcancen	20.	dejes

Usos del subjuntivo: verbos que expresan voluntad, emoción o duda

6-10

Las respuestas variarán.

6-11

1. Ojalá (que) lleguemos a tiempo.
2. Mi abuela siempre me pide que toque el piano para ella.
3. No estoy seguro de que ella tenga 23 años. Creo que tiene 24.
4. Les alegra que los visitemos cada verano.
5. Me molesta que siempre me corrijan.
6. Nos exigen que estemos allí a las 7.
7. ¿Quieres que te ayude?
8. Dudan que puedan venir a vernos antes de Navidades.
9. Me temo que tengas que repetir el examen (tomar el examen otra vez).
10. No creo que sea buena idea llamarlos (llamarlas) ahora.

6-12

1.	te encuentres	2.	debes	3.	ir	4.	sigue	5.	sepas
6.	jugar	7.	trabajar	8.	ayude	9.	rellenar	10.	poder
11.	poner	12.	tengo	13.	estar	14.	voy	15.	tener
16.	levantar	17.	va	18.	ser				

Frases y expresiones impersonales que requieren el subjuntivo

6-13

Las respuestas variarán.

6-14

1. saben	**2.** esté	**3.** tiene	**4.** mejore	**5.** tiene
6. hayan	**7.** exista	**8.** gastes	**9.** conocemos	**10.** sea

6-15

Las respuestas variarán. Respuestas sugeridas:

1. Te aconsejo que te matricules cuanto antes.
2. Es mejor que vivas en una residencia estudiantil.
3. Es importante que ahorres suficiente para pagar el viaje y la matrícula.
4. Te recomiendo que pidas ayuda financiera.
5. Es mejor que compres, los libros de texto después de que te matricules en las clases.

El subjuntivo con antecedentes indefinidos o inexistentes

6-16

1. Necesito un libro que explique bien la gramática.
2. No conozco a nadie que toque en una banda de rock.
3. No hay ninguna heladería que venda helados de mango cerca de aquí.
4. En mi clase no hay nadie que hable seis idiomas.
5. Cuando voy de compras, nunca encuentro nada que me guste.
6. En el centro de computación no hay ningún ayudante (nadie) que te pueda ayudar a hacer esas hojas de cálculo con *Excel*.

6-17

1. se queje	**2.** tienen	**3.** dé	**4.** sea
5. describe	**6.** sepan	**7.** sabe	**8.** siga

6-18

1. vives	**2.** está	**3.** tiene	**4.** es
5. quede	**6.** esté	**7.** tenga	**8.** poder
9. reúna	**10.** esté	**11.** van	**12.** construir
13. convengan	**14.** trabajo	**15.** saber	**16.** conozcas

Repaso de acentuación

6-19

1. publicó   2. lleve / entregue   3. esté / contestó / llamé
4. cruzó / Dudó   5. esté

Repaso de ortografía: gue, gui, güe, güi

6-20

averigüemos	agüita	ceguera
vergüenza	bilingüe	argüir
guitarrista	guerrillero	juguetón
yegua	aguacate	guillotina
seguir	cigüeña	lengua
lingüística	güera	ungüento
guisante	guindo	amiguito

6-21

1. Siguiendo / guitarra   2. vergüenza / Guerra   3. averigües
4. malagueño   5. consiguió / pague   6. pingüinos / antigüedades
7. persiguió   8. siguiente   9. reguemos
10. monolingüe.   11. jueguen / juguetes   12. entreguemos

Capítulo 7

NOTA: En aquellos casos en que se acepte más de una respuesta, la respuesta opcional se indicará entre paréntesis.

Vocabulario

7-1

1. conjunto 2. compartir 3. despreocupado 4. austeridad 5. calzado

7-2

1. talleres 2. integrarse 3. orfanatos 4. tópico 5. barriada
6. alojamiento 7. compromiso 8. innato 9. subsanar 10. aportó

7-3

1. entonar 2. aliciente 3. apuntarse 4. integrarse
5. retrasar 6. trasladarse 7. vacío 8. regentar

Conjunciones adverbiales que requieren el subjuntivo

7-4

1. indiques 2. llego 3. me gradúe 4. pueda 5. está
6. diga 7. avise 8. se hace 9. subsanen 10. tenga

7-5

1. Cuando salga del trabajo, iré (voy a ir) al gimnasio.
2. Te echo una mano cuando me lo pides.
3. Paseo hasta que se hace de noche.
4. Así que llegue al cine, desconectaré (voy a desconectar) mi teléfono móvil.
5. Actualizaré (voy a actualizar) mi página de *Facebook* después de que llegue a casa.
6. Dondequiera que vaya, será (va a ser) bien recibido.

7-6

Las respuestas variarán.

7-7

1. se sentó	**2.** coma	**3.** amenacé	**4.** llega	**5.** se publicó
6. nos vemos	**7.** presenten	**8.** vayas	**9.** anochezca	**10.** empieza

Otros casos que requieren el subjuntivo

7-8

1. Que yo sepa.	**2.** Venga.
3. Por mucho que se lo digo (diga).	**4.** ¡Vaya!
5. Quienquiera que venga.	**6.** Digan lo que digan.
7. Comoquiera que sea.	**8.** más te gusten.

Imperfecto de subjuntivo

7-9

1. S / que cupieran todas las maletas en el maletero del auto.
2. I / que sirvieron la cena demasiado tarde.
3. S / que no pudiéramos ayudarte.
4. S / que descargara el libro electrónicamente.
5. I / que habían estado hablando de nosotros.
6. I / que era amigo suyo.

7-10

1. dijera	**2.** tuvieras	**3.** oyera	**4.** quisiera
5. leyera	**6.** diera	**7.** hubiera / conociera	**8.** estuvieran
9. pusieras	**10.** fuéramos		

7-11

1. se fuera	**2.** empezara	**3.** pasara	**4.** visitara	**5.** leyera
6. conociera	**7.** esculpiera	**8.** hiciera	**9.** pintara	**10.** dijera

7-12

1. Se alegró de que estuviéramos bien.
2. Le molestó (molestaba) que no apagara el teléfono móvil en clase.
3. Dijo que la esperaras.
4. Te lo iba a dar a menos que tuvieras uno igual.
5. No creía (creí) que se sintiera tan mal.

7-13

1.	tengan	2.	aprenden	3.	tienen	4.	hiciera	5.	estuviera
6.	aprendiera	7.	hablan	8.	llevara	9.	den	10.	estoy

Presente perfecto de subjuntivo

7-14

1.	hayan terminado	2.	haya asistido	3.	se hayan retrasado
4.	hayamos hecho	5.	hayan dicho	6.	hayan comunicado
7.	haya caído	8.	hayan resuelto	9.	hayas ganado
10.	hayamos dicho				

7-15

1.	hayan recibido	2.	ha sido	3.	haya venido
4.	he colaborado	5.	he participado	6.	haya tenido
7.	he hecho	8.	he conocido	9.	haya terminado
10.	haya gustado				

Pluscuamperfecto de subjuntivo

7-16

1.	hubiera tenido	2.	hubiera participado	3.	hubieran contratado
4.	hubiera estado	5.	hubieran ofrecido	6.	hubieran encontrado

7-17

1.	había sido	2.	hubiera asistido	3.	había querido
4.	había estado	5.	hubieran llegado	6.	hubiera visto
7.	hubiera salido	8.	había sido		

Secuencia de tiempos

7-18

1. acompañara	**2.** hubiera podido	**3.** hubiera dicho
4. habría podido	**5.** consiguiera	**6.** fuera
7. sea		

7-19

1. esperara	**2.** había perdido	**3.** pagara
4. vuelva	**5.** sea	**6.** esté
7. invitara	**8.** tuviera	**9.** hubiera olvidado
10. devuelva		

7-20

1. Buscaban (estaban buscando) a alguien que hubiera enseñado educación especial.
2. Cuando la vi en la tienda, todavía no había encontrado nada que le gustara.
3. Dime (Cuéntame) algo que te haya interesado de la película.
4. Te pediría que no hablaras tan alto.
5. A Elena le habría encantado que le pidieran que cantara, pero nadie lo hizo.
6. Tienen cuatro años más que tú. Se habrán graduado para cuando tú empieces la universidad.

Cláusulas con *si*

7-21

Las respuestas variarán.

7-22

1. hiciera	**2.** hubiera sabido	**3.** buscas	**4.** pidieran
5. hubieran escuchado	**6.** viera (hubiera visto)	**7.** vinieron	**8.** pidieran
9. prestas	**10.** dejas	**11.** fuera	**12.** contó (contaba)

Imperativo

7-23

1. Escriba en letra de molde.
2. Dé el nombre y la dirección del seguro médico.

3. Incluya su domicilio y número de teléfono.
4. No se olvide de firmar la planilla.
5. Entregue la planilla a la recepcionista.

7-24

1. Verifiquen la fecha de su cita.
2. Siéntense en la sala de espera.
3. No traigan comida ni bebidas a la sala de rehabilitación.
4. No usen el teléfono celular en el edificio.
5. Esperen a que los llame la recepcionista.
6. Pidan la próxima cita con dos semanas de anticipación.

7-25

1. No pierdas tiempo hablando por teléfono.
2. No te olvides de hacer la compra.
3. De paso recoge la ropa de la tintorería.
4. Devuélvele la llamada a tu madre.
5. No uses mi computadora.
6. Empieza a preparar la cena.

7-26

1. Vamos a darle el regalo hoy. A darle el regalo hoy. Démosle el regalo hoy.
2. Hace mucho frío. Vamos a cerrar la puerta. A cerrar la puerta. Cerremos la puerta.
3. No vayamos al museo esta tarde. A no ir al museo esta tarde.
4. Vamos a llamarles ahora; vamos a decirles que nos encuentren (que se encuentren con nosotros) en el café. A llamarles ahora; a decirles que nos encuentren (que se encuentren con nosotros) en el café. Llamémosles ahora; digámosles que nos encuentren (que se encuentren con nosotros) en el café.

7-27

1. Que lean la comedia antes de la clase.
2. Que Pepe y Rosalinda hagan el papel de Romeo y Julieta.
3. Que Javier explique el tema.
4. Manténgase en el refrigerador.
5. Envíese por correo ordinario.
6. Póngase en agua caliente.

Repaso de acentuación

7-28

1. llegará / llegara
2. pague / pagué
3. trabajaran
4. toque
5. Compré / compre
6. Busqué / busque
7. tocara / cantará
8. enviaran

7-29

1. mí / llámenme
2. Escríbemelos
3. Dígales
4. Léame / léamela
5. tráigame / periódico / póngalo
6. Dígansela
7. Vámonos
8. Sentémonos / árbol

Repaso de ortografía: ll, y, -ío, -ía, -illo, -illa

7-30

joya	trayendo	llenar	inyección
huyeron	proyecto	callarse	cebolla
lloviendo	callaron	playera	panecillo
relleno	yema	trayendo	ensayo
arroyo	galleta	ayudar	cuello
tobillo	leyenda	sello	belleza

7-31

rocío	castillo	garantía	ventanilla
geometría	pesadilla	tortilla	resfrío
travesía	pasillo	tranvía	pastilla
cosquillas	sociología	amarillo(-a)	bocadillo
mía(-o)	sombrilla	horquilla	vacío(-a)
cuchillo	maravilla	vainilla	milla

Capítulo 8

NOTA: En aquellos casos en que se acepte más de una respuesta, la respuesta opcional se indicará entre paréntesis.

Vocabulario

8-1

1. facilitar   2. duda   3. costumbre   4. detener   5. tranquilo

8-2

1. donativos
2. desasosiego
3. se han afincado (se afincaron)
4. prendemos (prendíamos)
5. No obstante
6. testigos
7. fe
8. variopinto
9. arrancar
10. jerárquico

8-3

1. desasosiego   2. raíz   3. revoltoso   4. variopinto
5. prender   6. codearse   7. sufrir   8. afincarse

Pronombres

8-4

1. r   2. prep   3. s   4. cd   5. ci

Pronombres sujeto

8-5

1. Complemento pronominal después de "ser".
2. Para evitar ambigüedad; para reforzar la idea de cortesía.

3. Para reforzar la idea de cortesía.

4. Solo se permiten los pronombres sujeto después de ciertas preposiciones como "entre".

5. Para identificar quién hace cada acción.

Pronombres preposicionales

8-6

1. ti	**2.** nosotros	**3.** sí (él)	**4.** yo	**5.** mí
6. ella	**7.** yo	**8.** -migo	**9.** yo	**10.** ella

8-7

1. Para ella no hay nada imposible.   **2.** ¿Puedo ir contigo?
3. (Ella) Trabaja para sí misma.   **4.** (Él) No dejó nada para sí (sí mismo).
5. Todos fueron excepto él.

8-8

1. para nosotros	**2.** cerca de mí	**3.** contigo	**4.** con ella
5. con él	**6.** para ellos (ellas)	**7.** tú y yo	**8.** excepto yo
9. para sí (él) mismo	**10.** sin nosotros (nosotras)		

Pronombres en función de complemento directo

8-9

1. Sí, ya los recogí.
2. Los voy a depositar (Voy a depositarlos) hoy (mañana).
3. Sí, ya la cerré.
4. Sí, ya la limpié.
5. Sí, ya lo publiqué.
6. Sí, es necesario que me diga cómo apagarlas.
7. Sí, necesito apuntarlo.
8. Sí, lo voy a llamar (te voy a llamar; voy a llamarlo; voy a llamarte) la próxima semana.

8-10

1. yo	**2.** contigo	**3.** me	**4.** Te	**5.** tú
6. ti	**7.** yo	**8.** lo	**9.** me	**10.** ella
11. lo (la)	**12.** te	**13.** conmigo	**14.** yo	**15.** tú
16. yo				

Pronombres en función de complemento indirecto

8-11

1. le	**2.** le	**3.** nos	**4.** le
5. les	**6.** te	**7.** me	**8.** les

8-12

1. les **2.** les **3.** le **4.** nos **5.** me **6.** le

Posición de los pronombres de complemento directo e indirecto

8-13

1. me la	**2.** Se lo	**3.** se lo	**4.** te la	**5.** me lo
6. se la	**7.** se la	**8.** me lo	**9.** nos lo	**10.** se la

8-14
Las respuestas variarán. Respuestas sugeridas:

1. Sí, vamos a mandárselo por *e-mail* hoy.

2. Voy a devolvérselo pronto.

3. Lucía estaba pidiéndomelas.

4. Voy a presentárselo en el momento adecuado.

5. Estaba mostrándoselo a Luis.

6. Pedro tiene que dártelas (dárselas).

8-15

1. Les	**2.** lo	**3.** lo	**4.** le	**5.** la
6. me	**7.** ellos	**8.** me	**9.** me	**10.** le
11. él	**12.** se	**13.** lo	**14.** lo	**15.** mostrármelo
16. nos	**17.** nos	**18.** le	**19.** me	**20.** visitarlas
21. conmigo	**22.** me (nos)	**23.** Me	**24.** Les	

Pronombres reflexivos

8-16

1. Siéntense; No se sienten.
2. Lávese; No se lave.
3. Pongámonos; No nos pongamos.
4. Vayamos (Vamos); No vayamos.
5. Levántate; No te levantes.

8-17

1. Diviértanse.
2. Váyanse.
3. Date prisa.
4. No te rías.
5. No te preocupes.

8-18

1. Lávate las manos antes de comer.
2. ¡No te preocupes tanto!
3. Siempre se queda dormido (se duerme) cuando ve (mira) la televisión por la noche.
4. Estábamos quejándonos (Nos estábamos quejando) del nuevo horario cuando (se) apareció el jefe.
5. Se ve a sí mismo en su hijo.
6. No me encuentro (siento) bien hoy.
7. Si continúas haciendo tanto ruido, me voy a enfadar (voy a enfadarme).
8. Pónganse los guantes antes de salir.

El dativo de interés

8-19

2. DI   5.   DI   6.   DI   7.   DI

El se accidental

8-20

1. Se me quedó la cartera en casa.
2. Se nos perdieron los cheques.
3. ¿Se te estropeó la computadora?
4. Se me olvidó lo que te iba a decir.
5. Se les rompió el juguete.
6. ¿Cuántos platos se te rompieron?

El *se* pasivo y el *se* impersonal

8-21

    1. P   **2.** I   **3.** I   **4.** I   **5.** P   **6.** I

8-22

    1. No se consiguieron las metas propuestas por la organización.
    2. Ya se distribuyó la correspondencia.
    3. Se fundaron varios museos en esta ciudad.
    4. Las cartas se tradujeron al inglés.
    5. ¿Dónde se publicaron las noticias de las elecciones?
    6. Se le ofreció el puesto de gerente a Arturo.

8-23

    1. Se requiere el número de seguro social.   **2.** Se abre a las 10.
    3. Se le pone mucho jugo de lima.   **4.** Se hablan varios idiomas.
    5. Se pone todo tipo de música.

Resumen de los diferentes usos de *se*

8-24

    1. Uno/a no se atreve a contradecirlo.
    2. A Alicia se le olvidó cerrar la puerta.
    3. Se nos descompuso (estropeó) la lavadora (máquina de lavar) ayer.
    4. No se puede ver nada desde aquí.
    5. ¿Qué se dice del (de la) nuevo(a) decano(a)?
    6. Se sirvió una cena deliciosa en el patio.
    7. Niños, no se quiten los zapatos aquí.
    8. ¿Cómo se llega al aeropuerto desde este hotel?
    9. Se tienen confianza; por eso se dicen (cuentan) sus secretos.
  10. No quise prestársela (No se la quise prestar).

Repaso de acentuación

8-25

    1. Espérenme   **2.** Sentémonos   **3.** escribiéndome   **4.** Escúchame
    5. Acuérdense   **6.** enviártelo   **7.** recomendártelo   **8.** Cómprenmelas
    9. Dígale **10.** llamándonos **11.** regalárselo **12.** Váyanse
  13. vistiéndome **14.** prestármela

2. mí   **3.** sí   **4.** tú   **6.** él   **7.** él

Repaso de ortografía: diferencias entre el español y el inglés

8-27

1. teléfono	**2.** ocurrir	**3.** profesional	**4.** filosofía
5. orquesta	**6.** inmediatamente	**7.** diferente	**8.** aplicación
9. orquídea	**10.** estampilla	**11.** posesión	**12.** ateo
13. inmenso	**14.** inmortal	**15.** ocupar	**16.** teología
17. estimulante	**18.** escándalo	**19.** terapia	**20.** física
21. esponja	**22.** colaborar	**23.** inmigrante	**24.** intelectual
25. ofender	**26.** espíritu		

Capítulo **9**

NOTA: En aquellos casos en que se acepte más de una respuesta, la respuesta opcional se indicará entre paréntesis.

Vocabulario

9-1

1. iglesia   **2.** tenaz   **3.** proceder   **4.** éxito   **5.** considerar

9-2

1. apuntan	**2.** desprestigia	**3.** convive	**4.** No obstante
5. capaz	**6.** conjunto	**7.** se rige	**8.** afines
9. rechazo	**10.** acogida		

9-3

1. convivir	**2.** barajar	**3.** intercalar	**4.** mezclarse
5. acogida	**6.** innegable	**7.** atestiguar	**8.** hacer caso omiso

Adjetivos y pronombres posesivos

9-4

1. Sus	**2.** nuestra	**3.** sus	**4.** tu	**5.** su

9-5

1. Su	**2.** suyos	**3.** Mi / el suyo
4. tus	**5.** sus	**6.** Nuestra / nuestros
7. mi / el tuyo	**8.** mío	**9.** suyo
10. Mi / el suyo (el de ella)	**11.** el tuyo	**12.** Nuestro / El suyo (El de ellos)
13. su / la nuestra	**14.** mis	**15.** su

Adjetivos y pronombres demostrativos

9-6

1. Este	**2.** esa	**3.** aquella	**4.** Estos
5. esos	**6.** aquellas	**7.** esta / aquella	**8.** Esa

9-7

1. este	**2.** ese	**3.** este	**4.** Aquellas
5. Esas	**6.** aquellas	**7.** estos	

Pronombres relativos

9-8

1. que	**2.** quien	**3.** lo que	**4.** que	**5.** que
6. Lo que	**7.** Quien	**8.** que	**9.** Lo que	**10.** que
11. quienes	**12.** que			

9-9

1. cuya   2. lo que   3. la que   4. cuya   5. la que
6. cuyos   7. quien   8. que   9. quien   10. quienes

9-10

1. lo que   2. la que   3. El que   4. Lo que
5. lo que   6. Quien   7. el que / el que   8. Quien / lo que / lo que
9. la que   10. El que / lo que

9-11

1. a quienes   2. la que   3. que
4. Lo que   5. cuyo / quien (el que)   6. lo que
7. que (quien) / quien (el que)   8. que / lo cual (lo que)

9-12

1. Irma conducía a una velocidad excesiva por lo que (cual) le pusieron una multa.
2. El apartamento que alquilé la semana pasada tiene dos habitaciones.
3. La madre de Roberto, que (quien) es muy buena cocinera, nos invitó a cenar anoche.
4. La dependienta que me atendió ayer es hermana de mi amiga Susana.
5. Gastó el dinero que le dieron sus padres en chucherías.

9-13

1. que   2. que   3. esta   4. que   5. quien
6. aquella   7. esta   8. este   9. cuyas   10. que
11. aquella   12. este   13. Lo que   14. donde   15. donde
16. la que

Sustantivos

9-14

1. la actriz   2. el duque   3. la nuera   4. la artista
5. el padrastro   6. la poeta (poetisa)   7. el gallo   8. la abogada
9. la agente   10. el emperador   11. la condesa   12. el varón

9-15

1. el   2. la   3. la   4. la   5. la   6. la   7. la   8. El   9. el   10. El

9-16

1. unas cruces	2. un francés	3. las tesis	4. los ajíes (ajís)
5. la actriz	6. los altavoces	7. el régimen	8. los champús
9. los pies	10. unas águilas	11. los cafés	12. los sofás
13. un disfraz	14. unos poemas	15. las alas	16. unos dólares
17. el hacha	18. los martes	19. los tés	20. unos relojes

Diminutivos y aumentativos

9-17

1. florecita (florcita)	2. mujercita	3. perlita	4. agüita
5. laguito	6. golpecito	7. cucharita	8. monedita
9. besito	10. lugarcito	11. cochecito	12. crucecita
13. cafecito	14. abriguito	15. parquecito	16. musiquita
17. campanita	18. tacita	19. lagrimita	20. cielito

9-18

parquecito, hijitos, niñita, sombrerito, florecitas (florcitas), ropita, amiguito, juguetito, fuentecita, vestidito

9-19

Las respuestas variarán. Respuestas sugeridas:

1. arbolazos (arbolones) (arbolotes)	2. negociazo (negociote)
3. sombrerón (sombrerazo) (sombrerote)	4. bigotón (bigotazo) (bigotote)
5. bolsón (bolsote) (bolsazo)	

9-20

1. librote (librazo)	2. golpazo (golpezote) (golpazo)
3. puertona (puertota) (puertaza)	4. salota
5. anillote (anillazo)	6. maquinota (maquinona) (maquinaza)
7. pantallota (pantallona) (pantallaza)	8. muñecona (muñecota) (muñecaza)
9. cajota (cajona) (cajaza)	
10. canastota (canastona) (canastaza) (canastaza)	

Repaso de acentuación

9-21

1. unas conversaciones amenas
2. unos portugueses corteses
3. unos caracteres dominantes
4. unos hombres narigones
5. unos lápices marrones
6. unos ratones juguetones
7. los exámenes difíciles
8. una nación unida
9. unos corazones débiles
10. algunos trabajos fáciles

Ortografía: sc

9-22

disolución	seiscientos	ascendente
escenografía	ascensión	encender
adolescente	descendiente	setecientos
efervescencia	misceláneo	necesidad
inversión	obsceno	oscilar
eficiente	doscientos	suficiente
descifrar	ascensor	disciplina

9-23

1. encendí / luces / anochecer
2. agencia / ascenso / eficientes
3. televisión / escenas / violencia
4. analicen / conceptos / decisión
5. desciende
6. inconsciente / necesario

9-24

1. consciente
2. ciencias
3. ascender
4. esencia
5. consenso
6. discípulo
7. obscenidad
8. asunción
9. observancia
10. novecientos

Capítulo 10

NOTA: **En aquellos casos en que se acepte más de una respuesta, la respuesta opcional se indicará entre paréntesis.**

Vocabulario

10-1

1. absorber	**2.** consolar	**3.** indiferente	**4.** preciso	**5.** desenvolver

10-2

1. contertulios	**2.** estupefacto	**3.** cifras	**4.** borrosa	**5.** empapados
6. solar	**7.** rocías	**8.** pozo	**9.** plegamos	**10.** teñir

10-3

1. solar	**2.** plegó	**3.** cifra	**4.** trasladó	**5.** empapados
6. pasto	**7.** arruinó	**8.** pozo		

Adjetivos

10-4

1. una persona envidiosa	**2.** un amigo leal	**3.** una vida feliz
4. un camino pedregoso	**5.** una persona humilde	**6.** un panorama montañoso
7. un niño miedoso	**8.** una persona pobre	**9.** un persona noble
10. una persona capaz		

10-5

1. adaptable	**2.** curioso	**3.** perfeccionista	**4.** corporativo
5. perezoso	**6.** caluroso (caliente)	**7.** audaz	**8.** dichoso
9. puntual	**10.** prudente	**11.** flexible	**12.** divertido
13. eficaz	**14.** servicial	**15.** creativo	**16.** triste

10-6

1. una señora regordeta   2. unos padres felices   3. unos chicos holgazanes
4. unas personas vivaces   5. unas obras difíciles   6. unas mujeres emprendedoras

10-7

1. Esa es una propuesta insensata.
2. Tu novio es muy cortés.
3. Para que la nueva película sea un éxito, necesitamos a un actor muy popular.
4. Rocié a las hormigas con este insecticida, pero no fue muy eficaz.
5. Su comportamiento demuestra que es poco profesional.
6. Los vendedores de esa tienda son muy agresivos.
7. Usted es responsable del accidente.
8. Cuando lo llamé me dijo que estaba muy aburrido.

10-8

Las respuestas variarán.

10-9

1. Estuve de vacaciones la semana pasada y ahora tengo más de 50 *e-mails* sin contestar.
2. No hay (cabe) duda de que el Dr. Martin Luther King fue un gran líder carismático.
3. El primer tubo que compré para arreglar el lavabo (fregadero) era demasiado grande, así que tuve que comprar otro de menor tamaño.
4. Todos los vuelos que llegaban y salían se retrasaron a causa del viento.
5. Esta no es una situación sin importancia. Su comportamiento fue muy poco ético.
6. Estaba muy contenta (feliz) con el collar de perlas que encontró en una tienda de antigüedades.
7. Un presidente de banco generalmente gana más que un director de sucursal.
8. Él mismo tomó parte en las negociaciones del contrato con los trabajadores.

Adverbios

10-10

Lugar:	allá, adentro
Tiempo:	entonces, recién
Modo:	mal, así
Cantidad:	bastante, nada
Afirmación:	sí, además
Negación:	jamás, nunca
Duda:	acaso, quizá(s)

10-11

1.	bello / bellamente	**2.**	facilidad / fácil
3.	lento / lentamente	**4.**	velocidad / velozmente
5.	tragedia / trágicamente	**6.**	dulzura / dulce
7.	rico / ricamente	**8.**	envidia / envidiosamente
9.	audacia / audaz	**10.**	antigüedad / antiguamente
11.	cortés / cortésmente	**12.**	suavidad / suavemente

10-12

1.	educadamente	**2.**	Difícilmente	**3.**	fluidamente
4.	meticulosamente	**5.**	Prácticamente	**6.**	enfática / decisivamente.

10-13

1.	de inmediato	**2.**	Con facilidad	**3.**	con prudencia
4.	con dinamismo	**5.**	con puntualidad	**6.**	En realidad

Comparativos

10-14

1.	tanto (más)	**2.**	como (que)	**3.**	tan	**4.**	como
5.	tanta	**6.**	como	**7.**	más	**8.**	que

10-15

1.	que	**2.**	de	**3.**	que	**4.**	tantos
5.	que	**6.**	tan / como	**7.**	como	**8.**	tan

10-16

1.	de la que	**2.**	del que	**3.**	de las que	**4.**	del que
5.	de las que	**6.**	de lo que				

10-17

1. La novela que estoy leyendo ahora está mejor escrita que la que leí la semana pasada.
2. Nadie es más tenaz que Pepe.
3. No es tan razonable como pensé que sería.
4. Hay menos ruido en este cuarto.
5. Piensa tan cuidadosamente como yo cuando hay problemas.

6. Su análisis de la situación era peor que el mío.
7. René es menor (más joven) que Susana y trabaja menos horas que ella.

Superlativos

10-18

1. (Ella) Es la persona más buena (bondadosa) que conozco.
2. Alberto dice que los mejores trabajadores son los que aprenden de sus errores.
3. ¿Eres (tú) el menor (más joven) de tu familia?
4. ¿Sabías que la Universidad de México es la más antigua de las Américas?
5. ¡Es una mansión! ¡Es la casa más grande que jamás he visto!
6. Julián es el vendedor menos agresivo de todos.
7. Esa casa es la más antigua de la ciudad. Es un monumento histórico.
8. ¿Cuál es el peor error que has hecho (cometido)?

10-19

1. Sí, fue larguísima.   2. Sí, es amabilísima.   3. Sí, queda lejísimos (lejísimo).
4. Sí, es simpatiquísima.   5. Sí, fue malísima.

10-20

1.	el… más alto del	2.	tantos… como
3.	las peores	4.	mucho (bastante) menos … que
5.	mucho más alto que	6.	tanto como
7.	tantos… como	8.	tan… como
9.	dificilísimo (sumamente difícil)	10.	tan buenos
11.	el mayor	12.	menos de

Repaso de acentuación

10-21

3. más / aún   4. riquísimos / aún / más   5. rápidamente / aún

Repaso de ortografía: r, rr

10-22

corrupto   pelirrojo   enredar
irresistible   alrededor   barrio

arroz	antirrobo	israelita
barato	ahorrar	cerradura
erupción	ternura	riqueza
honrado	querrá	pararrayos
grecorromano	irreal	cereal

10-23

1.	corral	2.	cerro	3.	cero	4.	parra
5.	querían	6.	coral	7.	forro	8.	ahorra.

10-24

1. e **2.** c **3.** f **4.** j **5.** h **6.** a **7.** b **8.** i **9.** g **10.** d